RECUEIL

DE

NOELS ANCIENS.

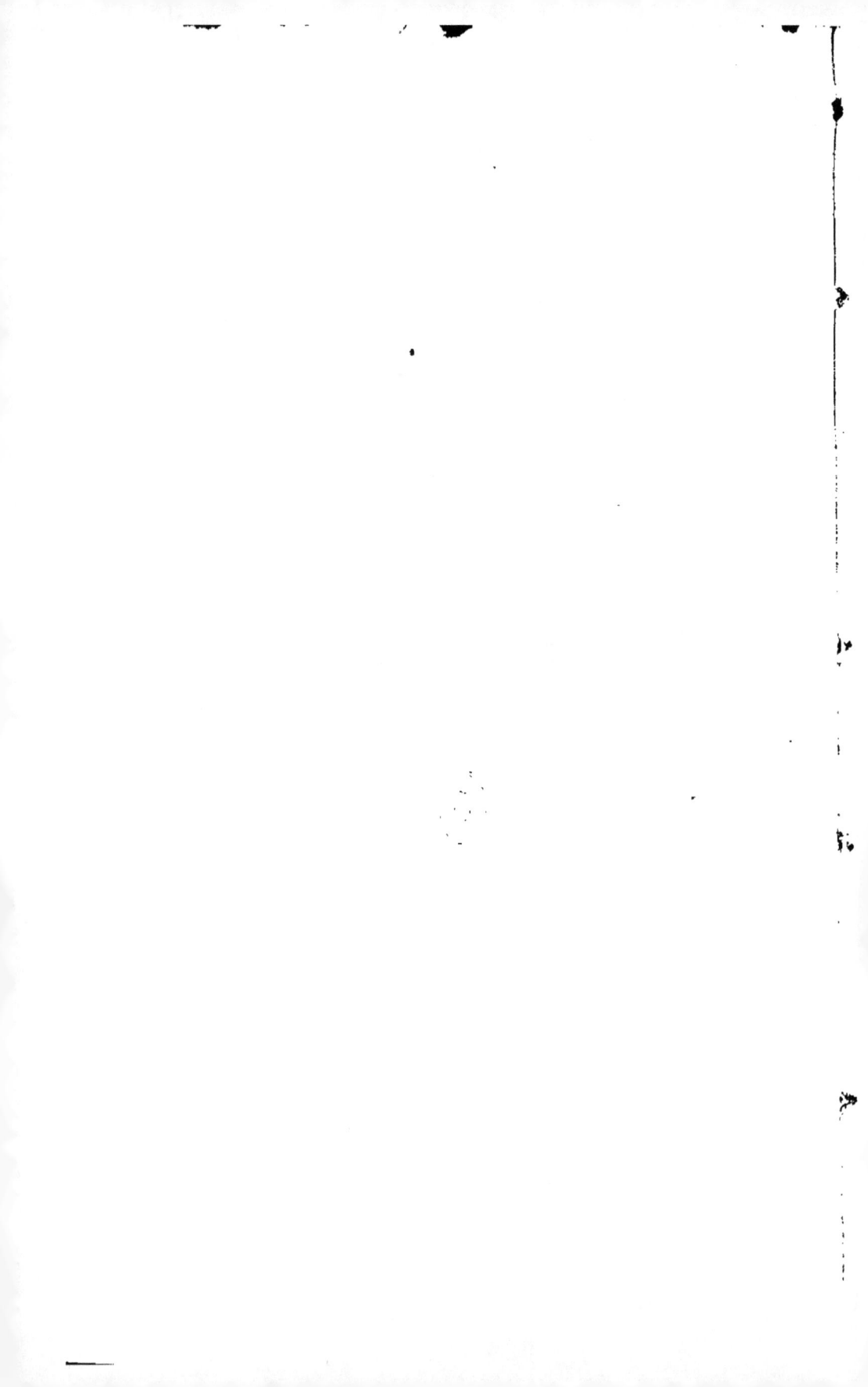

RECUEIL

DE

NOELS ANCIENS,

AU PATOIS DE BESANÇON ;

TROISIÈME ÉDITION,

CORRIGÉE ET AUGMENTÉE DE NOTES EXPLICATIVES
ET HISTORIQUES,

PAR TH. BÉLAMY.

BESANÇON.

BINTOT, IMPRIMEUR, GRANDE-RUE, 70,

Vᶜ BAUDIN, NÉE BINTOT, PLACE ST.-PIERRE.

1858.

PRÉFACE.

Nous croyons répondre au vœu général de nos compatriotes, de ceux-là surtout qui conservent une vive sympathie pour tout ce qui se rattache aux antiques souvenirs de notre pays natal, en donnant une édition nouvelle des *Noëls* bisontins, publiés primitivement en deux parties distinctes, formant chacune un volume, et qui, devenues fort difficiles à réunir entre les mains d'un même propriétaire, ont déjà depuis longtemps disparu totalement du commerce. Complètement dégagée de toute arrière-pensée de spéculation industrielle, une entreprise de cette nature, entreprise puérile peut-être aux yeux du vulgaire qui s'arrête à la superficie des choses, mais appréciée d'un autre point de vue par les hommes de sens et d'intelligence, nous offrait de prime-abord un puissant motif d'intérêt en nous associant, quoique de loin, sans doute, et pour une bien faible part, à l'œuvre des écrivains de conscience et de talent [1] qui rivalisent d'efforts pour

---

[1] Dans ce nombre, il convient de citer MM. Duvernoy, (*Esquisses des relations entre le comté de Bourgogne et la Suisse*); Bourgon, (*Histoire de Pontarlier*); Ed. Clerc, (*Essai sur l'histoire de la Franche-Comté*); Marquiset, (*Statistique de l'arrondissement de Dole*); D. Monnier, (*Traditions séquanaises*); A. Demesmay, (*Traditions populaires de la Franche-Comté*); Richard, curé de Dambelin, (*Histoire des sires de Neufchâtel* (; Cl. Guyornaud, (*Histoire populaire des Francs-Comtois*); Willemin, (*Prieuré de Morteau*); G. Colin, (*Chronique de la Haute-Montagne*); A. De Troyes, (*Légendes des Vosges Franc-Comtoises*); D- A. Thiroudet, (*Histoire parlementaire de la Franche-Comté*); l'abbé Dartois, auteur d'un grand ouvrage, encore inédit, sur les divers patois de notre province, etc.

arracher à l'oubli les antiques traditions de notre province. En effet, les *Noëls* bisontins, abstraction faite de l'originalité parfois piquante de leur forme et de l'énergie singulièrement pittoresque de l'idiome dans lequel ils sont écrits, se recommandent avant tout par un genre de mérite qui ne saurait échapper à l'observation la plus superficielle et par lequel s'explique leur succès constamment croissant auprès des lecteurs de toutes les classes; nous voulons dire la peinture fidèle de mœurs qui ne vivent plus que dans les souvenirs d'enfance de la génération qui précéda la nôtre, et de caractères primitifs dont l'empreinte va s'effaçant chaque jour davantage. A ce titre, leur popularité ne saurait manquer de s'accroître par la succession des temps; et ces naïves productions qui égayaient à certaines époques de l'année les soirées de famille de nos aïeux, auxqelles la société spirituelle et polie de ce temps ne dédaignait point d'emprunter de fréquentes citations, des   allusions aux personnages et aux événements de l'époque, offriront certainement un jour à l'observateur, au peintre de mœurs locales, à l'historien même, de curieux mémoires à consulter, des sources abondantes de l'intérêt le plus varié, le plus puissant sur l'esprit des lecteurs d'un autre âge.

Les *Noëls* recueillis dans cette nouvelle édition proviennent de deux sources différentes. Les premiers sont l'ouvrage du Père Christin Prost, capucin, mort le 27 décembre 1696, auteur de plusieurs pièces remarquables en vers français et patois sur divers événements de son temps; les autres sont dus à François Gauthier, imprimeur-libraire à Besançon, mort en 1750. Ces derniers, qui forment la partie la plus considérable du Recueil, se distinguent par l'originalité du cadre, le naturel piquant du dialogue, mais

surtout par une étude plus approfondie des mœurs
populaires, et par l'inépuisable variété de forme de
ces petits drames où se déroulent les scènes les plus
piquantes empruntées à la vie habituelle, intime, d'une
classe aujourd'hui dépourvue de toute physionomie
distinctive et confondue sans retour avec les autres
branches de la grande famille agricole et industrielle,
nous voulons dire la corporation des vignerons bisontins
ou *bousbots* [1].

Quelques mots sur les *Notes* jointes à cette nouvelle
édition. Si les *Noëls* ne devaient compter de lecteurs
que dans la classe de ceux auxquels est rendu familier
par un usage quotidien l'idiome rustique dans lequel ils
sont écrits et parmi les hommes voués par état ou par
goût aux recherches relatives à la langue et à l'histoire
de notre pays, la plus grande partie de ces éclaircis-
sements deviendrait évidemment superflue. Mais il
s'agissait pour nous de prévoir les besoins du plus
grand nombre, de mettre, par conséquent, à la por-
tée de nos concitoyens de toutes les classes, des lecteurs même étrangers à notre pays, un texte écrit dans
un langage spécial dont la connaissance devient de
jour en jour plus rare parmi ceux-là même qui sem-
blaient destinés à en conserver la tradition; il s'agissait également de prouver aux indifférents, nombreux
chez nous, comme partout ailleurs, que les *Noëls*, sous
une enveloppe triviale et grossière, peuvent offrir un
attrait puissant au lecteur curieux de saisir les moin-
dres vestiges de ces mœurs antiques dont l'étude offre
déjà tant de charme lors même que ne vient pas s'y
joindre l'intérêt de la localité. A ce titre, tous les
mots présentant quelque obscurité, quelque difficulté,

---

1 Voir au sujet de ce mot, la note 1 du 15e Noël, page 24.

sous le rapport du sens général ou particulier, sont
devenus l'objet d'explications aussi littérales que pos-
sible; leurs acceptions diverses ont été prévues, en
cas de besoin, et leur étymologie, rigoureusement assi-
gnée chaque fois qu'elle pouvait offrir quelque chose
de remarquable ; tous les passages relatifs à l'histoire particulière de notre pays, à l'histoire générale
de l'époque même où furent composés les *Noëls*, ou à
celle des temps auxquels se rapportaient certains faits
mentionnés incidemment, toutes les allusions aux
mœurs antiques de notre ville, à des usages postérieu-
rement abolis et dont il ne reste plus parmi nous qu'un
vague souvenir, exigeaient de notre part des éclair-
cissements pour lesquels nous n'avons épargné ni soins
ni recherches. Entrepris sans guide, sans modèle dans
aucun genre, ce travail présentera bien des imperfec-
tions sans doute, même aux yeux d'un lecteur raison-
nablement exigeant ; à défaut de tout autre mérite,
celui de l'intention ne saurait du moins nous être con-
testé; d'autres viendront qui, plus intelligents, peut-
être , mais non plus consciencieux, nous ne craignons
point de le dire, compléteront quelque jour notre œuvre
et la rendront entièrement digne de son objet.

RECUEIL

DE

NOELS ANCIENS,

AU PATOIS DE BESANÇON.

PREMIÈRE PARTIE.

—

PREMIER NOEL.

Sus, leve-te, Porrenot,
Nous irans voë ce t'Offant;
Voilet l'Auly et Tounot
Que s'en vant déjet devant;
Aippelerans en passant
Grand Thiennot et lai Zibé;
Chantans tretou [1] de pa Dé [2],
    Noüé, Noüé.
    Se te saivoüe que de gens
Que sont déjet au chemin,
Chaicun li pouthe in presan
Et di moillou de lieu bin,
Y cret que te feroüe bin
De lie poutha das souchés [5];
    Chantans, etc.

---

1 Tretous, vieux mot français, tous ensemble. — 2 De
par Dieu. — 5 Vieux échalas (en terme du pays, vieux pes-
seaux) qui ne sont plus bons qu'à brûler.

Pou moi y lie veut poutha
In bareille de mon vin,
Et n'ouzé qui a tua
En revenant di melin,
Et ne pare de pussins,
Et un penie de rouzé [1];
    Chantans, etc.
    Que t'é lâche ai t'habillic!
Sus, airés-te tantoüe fa!
Mas golaiehes sont moüillics,
Y ne las seroüe guinda;
Aipouthe-me mas soulas,
Que sont pa-desou ee lé;
    Chantans, etc.
    Sus, Compare, y seu prot,
Main lou tems n'ot gare elia;
Nous prenrans bin das sargots [2],
Se nous n'ans de l'ai cliata;
Et nous vans nous essara [3],
Se nous n'ans de quoi voë bé;
    Chantans, etc.
    N'ans-nous ran pou nou eliaric
De pouë de nous fare mau?
Lai lampe s'aipanchet hic,
En aitrillant noüës chevaux:
Met lai main desou ce t'archaut [4]
T'y trouveré in trainé;
    Chantans, etc.
Voi-te point cete cliata

---

1 Panier de roseaux. —2 Faux pas, cahot. —3 Blesser, meurtrir. — 3 Coffre d'écurie où l'on met ordinairement l'avoine.

Qui relu dessu ce toi?
C'te moëson daibretela [1];
Lai voite bin? — Vouë, mai foi;
C'ot n'Etelle, coumé ý cret,
Ou jaima y ne vit bé :
  Chantans, etc.
 C'en ot enne, t'ai bin dit,
Y n'en faut mazeu [2] douta :
Main, qu'ot-ce qu'elle fa qui?
Qu'ote'qu'elle nous veut montra?
Y cret que Jesu ot na,
Que repouze pachy pré [3];
  Chantans, etc.
 Regadhe pa ce pouthu [4],
Dans ce t'Aitaule ý est das gens ;
Ç'ot lou poüere bon Jésu,
Et sai Mére que grulant [5];
Lou vent coüot tout pa-dedan,
L'y ait de lai noige en moncé ;
  Chantans, etc.
 Entre vite, y te prie,
Secourans donc ce t'Offant,
Qu'ot déjet pa-tout moüillie,
Que de fret s'en vai merant;
Aipreche-te de sai Dam [6],
Faut ailema das souchés;
  Chantans, etc.
 Sire Joueset, Dé vous ga [7];

---

1 Délabrée. — 2 Du vieux mot français mezhuy, désormais, dorénavant. — 3 Par ici près, tout près d'ici. — 4 Du vieux mot français pertuis, trou. — 5 Qui grelottent. — 6 Sa mère. — 7 Dieu vous garde !

Vous étins lou bin venu ;
Qu' vous ai cy aimena ?
Vous éte bin mau reçu :
Pou lou poüere bon JESU
N'éte-vous point quéque bré [1] ?
        Chantans , etc.

Ce t'Offant ot aigeola,
L'ai las pies coume in glaiçon ;
Si eusse sçu, y eusse aipoutha
Aivouë moi in pelesson [2],
Pou lie raichaura las pions [3],
Et lou mettre en in draipé ;
        Chantans , etc.

Margot, t'éte souvenue
D'aipoutha di laissé fray,
Ne demé douzaine d'uës
Pou li fare di paipai [4],
Et mettre dans ton caibai [5]
N'aiguiellotte de beureté ?
        Chantans , etc.

Y ne faut pas aipargnie
Tous nouës bins pou ce t'Offant ;
Y serant tra bin payie,
Ca ç'ot lou nouvel Adam
Que nou retire di dam [6],
Pa sai tra-pure bonté ;
        Chantans , etc.

---

1 Berceau — 2 Couverture de laine. — 3 Les pieds, diminutif du mot pie. — 4 Bouiilie. — 5 Cabas. — 6 Vieux
mot français encore usité dans certains cas : apprendre une
chose à son dam ; la peine du dam , etc.

Ne l'aimerans-nous donc pas,
Ce pete Offant Jesu,
Q'ot venu nous raicheta,
Nous qu'étins tretou poudhu?
Adam nous aiva vendu
En aivolan in gouzé [1].
    Chantans, etc.

Y faut remarchia Duĕ
De nous aivoi tant cheri,
Que de nous baillie son Feu [2],
Quand l'*Ancilla Domini*
Dit ai l'Ange : Me voiqui,
Pou seure [3] sai volonté;
    Chantans, etc.

Sus, aimis, daipoëchans-nous,
Fans houneu ai nouëte Roy,
Que veut étre parmé nous,
Nous baillie ne douce loi;
Et voiqui ce dont pouquoi
Y nous faut chanta Noüé;
    Chantans, etc.

Prente tretou vouës fiouëtots,
Moi y penra mon hauboi;
Aicoutans nouëte Jannot,
Qu'ai bin ne tra-joulie voix;
Aicoudha-vous aivoüe moi;
Mettans-nous ai in moncê;
    Chantans, etc.

---

1 Morceau. — 2 Fils. — 3 Suivre.

DEUXIÈME NOEL.

De set sian , Dé vous adet [1],
Daime Mairie, Sire Joueset,
Vous n'éte pas trou ai vouëte asc ;
Y a bin pidie de ce Poupon ;
Teni, voiqui in poüe de brase,
Pou li raichaura las tolons.

Jesu , lou bé luë que voiqui !
N'éte-vous pas tout aibaihy
De voë nâtre tant de marvoilles ?
Las Anges y raiparoyant [2],
Tout y relut, jusqu'ai lai peille,
Qu'ot dedans lou bré de l'Offant.

Y te dira ce qui penset :
L'y fa bin bé, main l'y fa fret,
Tout ot au vent, tout ai lai bisc;
Y ne sçet coum'y n'ot geola,
Ce Gaichenot qu'ot sans chemise,
Et sai pouëre Dam sans soulas.

Sire Joueset, vous éte toë,
Vous lie beillerin bin lai moë,
Pouquoi fates-vous de lai soëthe?
Ai quoi sa d'étre Menusie?
Que ne fate-vous cy das poëthes;
Ne sçate-vous pas lou metie?

Tétebré, si peut étre jou,
Et l'y airet bin di maulhou [3],

Se nous n'empougnans tous las sorpes.
Las poulots ant déjet chanta,
Et las Bargies mangeant lai soupe,
Pou jettie las bétes, et dina.

   Voi-te las chandelotes au tems,
Voi coume le s'aipantoyant [1],
Ce n'ot pu que das ailemottes;
On n'entend pu pillic las chins,
Las loups ant regaingnie las coûtes,
Ç'ot signe que lou jou revint.

   Sus, travaillans, mazeu ne set
Qui ne set gran jou et gran soulet;
Où sont nouës raibots, nouës doulouëres [2]?
Prentes las boës de ce chaissy,
Et moi y empoëchera que l'ouëre [3]
Ne souffle mazeu par icy.

   Jesu, que voilet que vait bin;
Main y a bin soi, y boirouë bin;
Lai bize fa lai gorge soiche;
Vai, Pierot, query ce bary,
Qui mit au soi dedan lai roiche [4],
Pou fare in glou ai mon plaisi.

   Sire Joueset, planta-vous quy,
Et toi, Pierot, boute-te quy;
Su, que nous chantins tous gouguette :
Jesu, que voilai que vait bin !
Y voyet trezi [5] Guillemette,
Que nous aipouthe di boudin.

---

1 S'éteindre insensiblement. — 2 Doloires, outil de tonnelier pour unir le bois.— 3 Air, courant d'air.— 4 Armoire de cuisine. — 5 Surgir, paraître.

Dé sei sian, Dé ga nouës gens,
Qu'éte ai lai tôble jusqu'à dents;
Voici de nouëte mettre-queure [1],
Et de lai larme [2] de nouëte poë,
Qu'on vint de tua tout ai l'heure;
Tien, beille-zen ai tas consoës [3].

Y m'en seu olla chuë Liaudot,
Qu'y a encoüot trouva au chaudot,
Aivouë sa veille cocquetére [4];
Y n'ant pas voulu dainipa,
Ne lieu loppe [5] de chambclére [6],
Pou veni fare ne courva [7].

Y aivouë fa in pou de paipet,
Pou ce t'armotte [8] que voilet;
Main, lasse-moi, ç'ot de lai coule;
Y ne l'a ouza aipoutha;
Nouës harets [9] varant de l'aicoule,
Lou maingerant pou lieu dîna.

Vai fare in toüot ai l'houtô [10],
Ne demoure trou pou in cô [11],
Te mettré tous nouës gens en poune;
Vai, raimene nouëte ailevun [12],
Couvre lou feu, farme las pôëthes;
Se quéqu'un tocque, y n'y airet nun.

Empougnie donc, Sire Joueset,
Ai lai santa qui vous poüthet
Di Poupenot et de lai Mére :

---

1 Mettre cuire, viande quelconque.—2 Cervelle.—3 Consorts, compagnons.— 4 Ménagère, femme. — 5 Abréviation de salope,— 6 Chambrière, servante.— 7 Corvée.— 8 Petit enfant— 9 Petits garçons— 10 La cuisine et par extension le logis tout entier. — 11 Un coup.— 12 Elève, enfant qui va à l'école.

Main, n'entente-vous pas lou bru?
On nous vint cy coupa l'arbére [1];
Héla, mon Duë! tout ot poudhu.

Entente-vous las tobourins?
Voite-vous l'ennemi que vint?
Courans tous ai nouës soutelottes [2] :
S'y se faut raisoure [3] ai meri,
Rangeans-nous tous darrie las pôëthes,
Pou las empoëchie de veni.

Qui vai-lai, que demanda-vous?
Qui éte-vous, où olla-vous?
Vous ne passeri pas pu outre ;
Voiqui lai Velle devant vous;
Se vous n'éte envie d'en daicoudre,
Olla-vous-en, retirie-vous.

LES ROIS.

Mes chers amis, ne craignez pas,
Nous avons suivi pas à pas,
Les vrais sillons de cette Etoile,
Qui nous apprend que dans ce lieu
Un Dieu a terminé sa gloire,
Quittant pour la Térre les Cicox.

LES BERGERS.

Oute, ne nous dirins-vous pas,
Ai las entendre ainquin pala,
Qui sont Aistroulougues, Prouphétes?
Voite-vous ce peut [4] marmiton,
Que ne contemple que las Fétes
Dedan lou cu d'in chaudiron.

---

1 Haleine, respiration. — 2 Serpes. — 3 Résoudre, —
4 Laid.

Si dit que l'ot Roy, ly et menti,
Ou y scret, ai mon aivi,
Lou Roy di Royaume das Topes ;
Dite-ly que s'y veut entra ,
Quoique nous n'en eussins pas faute,
Y racleret lai chemena.

LES ROIS.

Chers camarades , nous rions,
Mais cependant nous vous prions,
Ne nous tardez pas davantage.
Si l'Etoile a quitté nos yeux,
Permettez-nous de rendre hommage
A l'Astre le plus beau des Cieux.

LES BERGERS.

Main ce n'ot pas de lai faiçon
Qu'on entre dedans ste moëson,
Y faut tout mettre bas las armes ;
Encoüot fau-tu qui olleusse voë,
Aifin que l'houtô ne s'ailarme,
Se nouëte pete Poupon doë.

LES ROIS.

C'est à vos pieds, Roi de nos cœurs,
Que poussés d'une sainte ardeur,
Nous venons faire sacrifice ;
Faites, qu'enflammés de vos feux,
Nous vous donnions pour prémices
Nos Sceptres, nos larmes, nos vœux.

Grand Roy des hommes, des trésors,
C'est sous ce titre que cet or
S'élève à votre divin Trône :
Faites que mon cœur à ce jour
Ressemble au métail que je donne,

Et se consume à votre amour.

Dieu, seul principe des mortels!
Je fais fumer sur vos autels
L'encens que nos soupirs animent :
Donnez de suaves odeurs
A ces innocentes victimes,
Qui viennent du fond de nos cœurs.

Et moi, divine Majesté,
J'adore votre Humanité,
L'ouvrage de ce saint Mystère.
Qui vous a fait naître pour moi;
Et m'offrir à votre saint Père
Par une réciproque Loi.

Incomparable Déité,
Qui goûtez la simplicité
Des âmes les plus innocentes,
Faites que les bouches des Rois
Vous puissent être aussi plaisantes
Que celles de ces bons Bourgeois.

LES BERGERS.

Ot-ce fa,   éte--vous tout dit?
Olla-vous-en, aiduë vous dit,
Olla recharchie vouëte Etoile;
Se vous éte civilisa,
Lassie quéque chouse pou boire,
Ce seret ai vouëte santa.

Escusa l'importunita,
Joueset, que nous vous ans causa
Et tout vouëte petit mennaige;
Y m'en vé encoüot dire in mou
Ai ce Gaichenot qu'ot si saige,
Et peu y m'en revé chuë nous.

JESU, qu'éte cria lai pa
As gens de boune voulonta,
Raimena-lai-nous su lai tarre ;
Nous vous en prians, aicouëdha-lai ;
Fate, pa vouëte saint Vicare,
Que nous l'eussins jou ai jaima.

TROISIÈME NOEL.

AIR : Tous les Bourgeois de Troyes.

Dessu in pou de peille,
Anpré de Bethléem,
Entre quaitre murailles
JESU ot pouërement ;
Lai tendure [1] ot ai bas,
      Hélas !
Ç'ot in mourgie [2] pa tarre ;
Lai vou çot qu'en tout tems
      Las vents
Sont l'Eté et l'Hyva
      Campa
Pou s'y livra lai garre.

Aupré de lu ot sai Mére
Et Joueset son Papa ;
Y n'ant dans lieu misére
Ran pou lou raichaura,
Dedans ce pouère luë
      Qu'un Buë,
Aicompaignie de n'Ane ;

1 La cloison. — 2 En terme du pays, murger, tas de
pierres primitivement formé dans les vignes par suite du
défrichement.

Grand Duë! qué pourcta!
　　　Hélà!
Veni pou nous s⸝ 　a
　　　Janla [1]
Dans ne poure caivagne [2].

　Courans dans ce t'Aitaule,
Messicu de Besançon;
Et que las pu caipables
Y poüethint das gran dons,
Main conrans-y bin tô,
　　　Ce cô,
Ç'ot in cô de pathie [5];
Coum'article de foy
　　　Y cret
Qu'y faut sauva di fret
　　　Ce Roy
Que nous baille lai vie.

　Monseigneu l'Archevêque
Marcheret lou premic,
Aivouë tou sas Chonoines
Que serant haibillie
De surplis de lin.
　　　Bin fin,
De roubes vioulettes;
Et peu y s'en irant
　　　Chantant,
Pou pria Jesu-Christ,
　　　Qu'ot quy,
De guerri nouë tristesses.

---

1 Gelé.—2 Caverne.—5 C'est un coup de partie décisif.

Officies de Justice,
Ai qu'on det l'houneu,
De voüe riches pelisses
Habillie-vous , Messieu :
Ne pâthe point de tems,
          L'Offant,
De qui lai gloire écliatte,
De noute Pallement
          Si gran
Aitend in compliment
          Sçaivant,
En roube d'écarlatte.

Nouëte noble et sçaivante,
Belle Université,
S'en iret de ne bande
Jusque dans lai Cité ;
Théologie, Droit Cainon
          Y font,
Sans compta lou Civile,
Lai Médicine aitout [1] :
          Au bout
Ierant voë en ce luë
          Ce Duë
Que fa las Loix as Villes.

Bailliaige en campaigne,
Aivancie , si vous pla,
Pou voë ce Duë si digne ,
Vite sans s'airata,
Prente tout vouëte rang ,
          Messieu

---

1 Aussi.

De lai Moëson de Ville,
En haibi qu'ot doubla,
    Foura
 De bé et bon saitin
    Bin fin ;
Et marchie file ai file.

  Et peu lai Compaignie
Das Gens de lai Menoë [1],
En grand cérémonie,
Penrant tout lieu trésoë,
Et ïerant presenta
    In ta
D'écu et de pistouëles ;
Lie ferant in discoüot
    Bin coüot,
Car y cret que l'argent
    Comptant
Tint plaice de pairouëles.

  Das Aivocats lai bande
Marcheret ai son toüot ;
L'ot si belle et si grande,
Qu'y faut in demé joüot
Pou nomma lieu surnoms,
    Lieu noms :
In joüot ai l'Audience,
Y étoüe pu que demé
    Ravi,
En las voyant passa,
    Preta
Serment en reverence.

---

1 Monnaie.

Toute lai Bourgeoisie,
Et las gens de Metie,
Sans gran ceremonie
Seurant [1] tretou ai pie ;
Et tous las Vignerons
          Di bon
Remplirant lieu barcilles,
Et chaicun pouëtheret,
          Y cret,
De sai profession
          Son don,
Au Duë qu'ot su lai peille.

Et de lai Bourgeoisie,
Las Fannes en in moncé,
Pouëtherant ai Mairie
Das linges et das draipés,
Couvathes, pelessons,
          Chaussons,
Bounots et bandelottes,
De lai toile de lin,
          Beguins,
Das pete mailloulots,
          Collots,
Das pas [2] et chemisottes.

Ce que Jesu demande
Vau bin meu que cequi ;
Ç'ot qu'on lie faisse ouffrande
D'in cœu vrament contri ;
Et l'estime in present
          Bin gran

---

1 Suivront. — 2 Langes.

Quan n'ame qu'ot bin saige,
Soë lai neu de Noüé
Di lé,
Pou s'olla confessa,
Bouta
Satan dedan sai caige.

QUATRIÈME NOEL.

Air : Tous las Gueux de Besançon.

On vint de nous aipoutha
Ne bonne nouvelle,
Ç'ot qu'on a oüi chanta
N'ange vé lai velle
Qu'antouna lou *Gloria*,
Das autres *alleluia*,
Et lai pa su tarre,
Y n'y ai pu de garre.

Debout, olla vitement,
Gens pa lai campaigne,
Dans ce pouëre aibargement
Qu'ot vai lai montaigne;
Vous y trouveri n'Offant
Qu'ot pu veille que sai Dam :
Semblable ai son Pére;
Et l'ot en misére.

Se tous ceux de Besançon
Sçavint ce mystére,
Y cret qu'y varint au son,
Pou voë cete Mére,
Que vin de fare n'Offant,
Et ç'ot tout coume devant;

L'ot Vierge et l'ot Mére,
Son Feu et son Pére.

Ollans, de pa Duë, ollans
Voë cete marvoille ;
Main n'ollans pas sans present,
Aifin qu'on aivoille
Lou pete t'Offant que doë :
Main y a pouë qu'y ne set moë
Di fret et de l'ouëre ;
Coüote [1] vite Notouëre.

Qoque quoque [2], n'y ai-tu nun
Dedan ce t'Aitaule?
Autrefois y n'y aiva nun ;
Maintenan on bôle,
Ly ai das bétes cy-dedans ;
Et y entendet das gens ;
Voiqui qu'on nou crie,
Entra, daipoëchie.

Entrans aivant : qui longeant
Tout pa-lai darie?
Duë set sian, boune gens ;
Duë vou ga, Mairie ;
Voici di bouë, di charbon ,
Et peu n'haibi qu'ot prou bon ,
Pou lai pouëre Armotte,
Qu'ot qu'y que tremblotte.

Pierot, ne te caiche pa ,
Baille tout au Pére :
Pouëthe-li nouëte soupa ,

---

1 Cours. — 2 Imitation du bruit que l'on fait en frappant
à une porte.

Que n'ot pas das pére [1] :
Voiqui tout ce que nous ans
Pou lou pére et lai Gessan [2] ;
S'y faut di poutaige,
Veni au Velaige.
    Nous vous aidourans tretou,
Coume nouëte Duë,
Qu'éte descendu pou nou
Di Cie dan ce luë,
Pou nous outa de quezen [5],
Nous en aivins bin besen ;
O! aiduë Mairie,
Et lai compaignie.

CINQUIÈME NOEL.

Air : Je ne sais si je suis ivre, etc.

Compare, on dit das nouvelles,
On dit qu'on feret lai pa ;
Y n'en scai point de pu belle,
Ce seret ne bonne aiffare,
S'on éta ressegresi [4],
Aipré ne si longue garre
Que nous ai tout aigrali [5].

    Main n'ot-ce pas ne grosse honte,
Que las Anges ant bin cria,
Lai pa que nun n'en tint compte,
Ne de tout lieu *Gloria?*
Se ç'ot ci au pa, peut-étre,
Qu'y lou chanterant si foè,

---

1 Piré. — 2 Mère. — 5 Peine, souci. — 4 Réparé, réta-
bli. — 5 Desséché, épuisé.

Que chaicun vouret bin être
De lieu musique d'aicoë [1].

Main tout ce qui n'ot ran fare,
Y nou faut olla trouva
Lou bon Jesu pou li dire
Tout ce que nous ans couva;
Y prenra bin lai pairoule,
Y seu bin lou pu sçaivan,
Qu'y seu éta ai l'Aicoule
Gare moins d'un demé an.

Duëset sian; main qu'y seu béte!
Ne voit-on pas bin que ce l'ot?
Y voyet déjet sai téte,
Qu'ot dessu son mailloudot [2];
Voilet l'Offant lou pu digne;
On diret pa lai chabré,
Qu'y nous fa ai tretou signe
D'olla de couëte, [3] son bré.

Pete Roy qu'entra su Tarc,
Encoüot que vous n'éte point
D'autre train ne d'autre aiffare,
Que das bètes et que di foin;
Nous vous venans rendre houmaige
Et vous demanda lai pa :
Voiqui tout nouëte messaige;
Main ne nous renviete pas.

Main, peuque vous éte Mâtre,
Craite-nous, fate lai pa,
Et me chaissie tout au plâtre,
Ceux que ne lou vourant pas;

---

1 D'accord. — 2 Diminutif de maillot. — 5 Près de.

Prente pitie des aiffares
De tout vouë pouëre volot [1];
Y proumettet de vous fare
In jouli crolemolot [2].

Vous dite que ç'ot das varges
Aivou quoi vous nous foueta ;
Vous étes las brai bin larges,
De touchie de tout couta ;
Se vous veute tant touchie,
Y aimerouë autant ran,
Nous serans tout aicourchie
Das couë que nous recevrans.

Ossu [3] nous serans bin saige,
Nous serans tout aimanda :
Y cret que pou tout poutaige,
Ç'ot ce que vous demanda ;
Main, ranguenna don vouë varges,
Et ne nous foueta mazeu ;
Et de pouë qu'y ne s'y en parge [4],
Getie las dans nouëte feu.

Voiqui vouëte boune Mére,
Qu'ot lai Reine de lai pa ;
S'elle vous en fa lai priere,
Ne l'accoudheri-vous pas?
Se saint Joueset lou demande,
Vous seri bin aibéi [5],
Main, se d'aza y coumande,
Y fauret bin obéi.

---

1 Valet — 2 Chréméau, petit bonnet que l'on met sur la tête de l'enfant baptisé, après l'onction du Saint-Chrème. — 3 Or sus. — 4 Perde. — 5 Ebahi, surpris.

SIXIÈME NOEL.

Air : Mouche chandelle ai Gainet.

Qu'ot-ce que dirant las gens
Quant de saiges têtes,
S'on ne chante quéqué ran [1]
Ai cas bounes Fêtes?
Y mourrouë putouë de fret,
Qu'in Noüé n'eussint de moi ;
Ç'ot di grouë langaige
De nouëte Velaige.

Fierta ai bin fa das maux
As Anges rebelles,
Y voulint poutha trou haut
Lieu bans et lieu selles :
Lou Diale, ce peu Grinmau,
Deu lou Cie fit in bé saut,
Pa sai gran fouëlie,
L'en seret grilie.

Aipré que Duë eu tout fa,
Lou Cie et lai Tare ;
Tant de si belles cliata ,
Tant de luminare ;
Tant de bétes dans lai ma,
Pa las champs et pa las pra ;
N'y ai ran de pareille
De tou sas marvoille.

Adam qu'ére in grand roussé
De tarre et de lie :

---

[1] Quelque rien, quelque petite chose.

Fut fa si sçaivant et si bé,
Las Douteu lou dicnt :
L'ére Seigneu, Gouvanou,
Eve coumanda aitou ;
Et toute las bétes
Lie fesint lai féte.

Regadhan son Virago
Qu'ére qui de couëte,
Adam diset aussitôt,
T'é fa de mai couëte ;
L'étint dans lou Pairaidi,
Vou l'aivint bin di crédi,
Et bin de puissance
Dans lieu innoucence.

Eve, holai ! te mouque-tu !
Toujou te raivaisse [1],
De ne voë tant d'autre fru,
Tan te fan largesse :
Lou diale ce peu sarpent,
Qu'ot boudhou [2] et toujou ment ;
Y cret que t'é boëne [3]
De ne voë sos coëne.

Te ne t'en chau garé [4], Adam,
De ce qu'on te die ;
Te boute en ouëvre [5] tas dents,
T'en seré poüillie :
N'y ai-tu pas tan d'autre fru,
Sans maingie di défendu ?

---

1 Rêvassses.—2 Boudeur, sombre, dissimulé.—3 Borgne.
— 4 Ne t'en chaut guère, tu t'iuquiètes peu. Chaut vient
du vieux mot français chaloir, qui se retrouve dans la com-
position des deux mots nonchaloir et nonchalance.—5 Mets
en œuvre.

Te fa ne fouëlie,
T'en padheré lai vie.

Tous dou son envelema [1],
Et se van caichie,
Fesant das perisoma [2],
Pou se meu bouchie :
On las chaisse qui-devant
Bin pu vite que lou vent,
Jaima de lieu vie
N'y mettrant lieu pies.

Adam, te voiqui banni,
Vai graitta lai tare ;
Jaima te ne prenré nid
Dans ce bé pathare [3] :
Souvent t'airé faim et soi,
Te toqueré las dents de fret,
Chovonnau [4] tai vie
De mole murie [5].

Eve, t'airé mille maux
Dans ton mairiaige :
Te crieré souvent las os
Dedan ton mainnaige ;
Fau fare ce qu'on vouret,
Vou [6] ton mairi te pouret
Taicouna lai téte,
Se te fa lai béte.

---

1 Empoisonné (En italien avvelenato). — 2 Il est assez plaisant de trouver un mot grec dans la bouche d'un vigneron bousbot ; PERISOM, (de peri, autour, et soma, corps) signifie une ceinture. — 5 Parterre. — 4 Gagnant péniblement.— 5 Comme une mauvaise murie. (Le synonyme français de ce dernier mot ne peut décemment s'écrire). — 6 Ou bien.

Las Saints , las Prophétes aitou
Saivint bin l'aiffare ,
S'aicoudhant , disant tretou :
Duë varet su tare ;
Seret lou gran Messie ;
Venan ne tadheret pas
De payie lai soume
D'Adam premie houme.

Pou accompli las Aicrits
De tant de Saints Péres ;
Fu fa lou bon Jesu-Christ
De lai Vierge Mére :
Vierge aivan l'ofantement ,
Vierge ai son aicouchement ;
Et toujou lai belle
Demoure pucelle.

Dans Bethléem , pouëre luë ,
Lou grand Roy de glioure ,
Eta quy sans bô , sans fuë ,
Ait ne piquante ouëre ;
Pensas ce jouli poupon ,
Qu'éta quy de son bé lon ,
Tremblan de fraidure
Su lai tare dure !

Pastouriaux , raivoillans-nou ,
Chantans las louanges ;
Aicoudhans-nous bin tretou
Ai lai voë das Anges ,
En chantan *la sol fa mi* ;
Courans vite , mas aimis ,
Voë su de lai peille ,
Lou Duë das baiitalles.'

2

Su , Bargies, ne tadhans pas,
Prenans tous nouës queuches ;
Su, devant lou jou chantans ,
Voici que l'aipreuche ;
N'eussins pas pô que lou loup
Prene nouës chievres, nouës boucs:
S'y vint, Charmot [1] beille
Dessu sas oureilles.

Qu'ot-ce sou-quy qu'ot couchie quy ?
Compare Sauvétre ;
Di-li que s'ote de quy,
Et que s'olle vélre ;
Que preugne sas haibis nouës ,
Et mainge in poutaige as chouës :
Que veuille ne veuille ,
Y faut qu'y nous seuille [2].

De ne naiture environ ,
Qu'ot l''hypoustatique [3],
Elle nou fa in bé son
Ne belle musique ;
Lai divine ai lou dessu ;
Lai tenu [4] lou bon Jesu ;
Lai basse cataine [5],
Lai naiture humaine.

Guenin, mouche in pô tou na ,
Y faut qu'y te die ,
Mau vetu, mau hyvana [6],
Y a de toi pidie :

---

1 Nom propre de chien. — 2 Suive. — 3 Hypostatique.
Ce mot n'est guère d'usage qu'en théologie , où il sert à désigner l'union du Verbe à la nature humaine. — 4 Ténor,
partie intermédiaire entre le dessus et la basse.—5 Certaine.
— 6 Hiverné , abrité.

Se t'é fret, prend mon manté,
Se t'é faim, prend di touthé;
Mouille in pô figuenne [1],
Pou repanre holeine.

Lou tems ot bin aicraima [2],
N'y ait point de dangie
De passa pa-dan lai ma,
San ne se gaugie [5].
Ha! lai belle Lenne [4] lu,
Y fa bé, y ne plo pu,
L'ot bin ancienne,
Dë nou lai monteigne.

N'aigaisse [5] au soi éta hie
Dans nouëte velaige,
Au quechot [6] d'in celézie [7],
Fiouëta son raimaige,
Y lai voulouë aiboüa [8];
Mai fanne dit : Ne faut pas;
Ç'ot lai chanterelle
Das bounes nouvelles.

Nous y voici, déziapa [9]!
Ailema vouës torches,
Aifin de ne vous soppa [10]
Dans ce maichant porche :
Boutans-nous dans lou devoi;
Lou bon Jesu-Christ nous voit,
Pa-lai, nouëte Daige,
Faut fare las saiges.

Do bonjou, Sire Joueset;

---

1 Le gosier. — 2 Ecrémé, dégagé de nuages. — 5 Se mouiller. — 4 Lune. — 5 Une agasse, une pie. — 6 Sommet. — 7 Cerisier. — 8 Abattre, tuer. — 9 Peste! espèce de jurement affirmatif. — 10 Trébucher.

Do bonjou, Mairie;
Bin ta nous laisséme au soi
Nouëte bargerie,
Pou veni voë lou gran Duë
Qu'ot dedan ce pouerc luë,
O lai belle Armotte!
O lai belle Angeotte!

Baillie das harbes au couthi [1]
Pou de lai solaide,
Potenailles [2], pirecy [3],
Das chouës et das beddes;
Aicoudha-nous, si vous pla,
Foëche [4] vin et foëche bla,
Ce n'ot pas qu'on pense
D'en fare bonbance.

Nous vous baillans lou bon jou,
Y nous faut tous r'être
Vé nouës moutons de retou,
Au moins pou las Vépres;
Main aivan que de pathi,
Nous prians tous Jesu-Christ,
Qu'au Cie de sai grace,
Nou beille ne place.

SEPTIÈME NOEL.

Am : Je n'ai jamais levé la gerbe.

Nous n'entendrans pu de fanfares,
Las Rois ne ferant pu lai garc;
Las feux cliarant dessus las monts,

---

1 Jardin, du vieux mot français courtil, qui a le même
eus.—2 Panais.—3 Persil.—4 Force (adv.), abondance de.

Las lantanes aiclairant las rues ;
Deu Saint-Quentin jusqu'ai Chormont,
Lou premie jou de lai venue.

Tous las Pussans, tous las Prouvinces
Scant bin que l'y varet in Prince
Pu gran que lieu et pu pussan ;
Ç'ot pouquoi y pousant las armes,
San coup féri, san point de sang,
Et san aivoi souna l'ailarme.

Si damandet laivou ot ce Prince ?
En qué peiy ? en qué Prouvince ?
Nun ne peut dire laivou l'ot,
De chuë qu'ot-tu ? et de qué luë ?
Ot-ce in Roi, vou in volot ?
Vou bin ce ç'ot lou Feu de Duë ?

Demandans voë ai l'Aistroulougue,
Vou bin as scaivan Aipilougue,
S'y n'y ai ran dans lou Firmament
Qu'en peusse dire das nouvelles ?
Y gaigeroue aissuriement,
Que l'y padrint bin lieu sarvelles.

Veu-tu gaigie qu'en tou lai France,
Aivouë sai foëche et sai pusance,
Non pu que dans lou Peiy-Ba,
Ne dans toutes las Espaigues,
Las troë Rois venan de Saba,
Ne lou trouvant en Ollemaigne.

Ç'ot bin étre âne de naiture,
Que ne lé pas son aicreture :
Pren voë lou veille Testament :
Lé voë lou Prouphéte Isaïe :
Y te diret aissuriement
Ce qu'ot dedan sai Prouphétie.

On trouve dans lai Tare-Sainte,
Vé Bethléem, ne Vierge enceinte
De n'Offant qu'ot houme, et ç'ot Duë :
Ot aivouë Joueset et douë bétes :
Ç'ot aissuriement dans ce luë
Qu'ot ce Roi qu'on tint pou Prouphéte.

On y dit bin d'autres *Oremus*,
Qu'ai ce *Te Deum laudamus* :
On nous y pale d'union ;
Ce qu'on y dit ot tout mistique :
L'houme et Duë fant ne jonction,
Qu'ot l'union hypoustatique [1].

On dit de bin pu belle aiffare :
On crie pathou [2] lai pa su tare
Ai ceux de boune voulonta :
Ceux que vourant voë ce Messie,
Y n'ant qu'ici tretou quitta,
Et y lou verrant dans lou Cie.

HUITIÈME NOEL.

AIR : Sire Jean-Thiébaud Triffet.

Chantans tretou de pa Dë
    In Noüé,
Y n'y ait Douteu dans lai France,
Q'en peusse fare in si bé,
    Gran daipé [3],
Aivouë toute lieu loquence.

Ce t'ffraou [3] qu'ot pa lai-bas

---

1 Voyez la note 5, page 26, du Noël précédent.—2 Partout. — 3 Grand dépit, quoi qu'ils fassent. — 4 Affreux.

Aigrola [1];
Que n'ai point de blan as euilles,
Breleret jou ai jaima,
Ç'ot bin fa,
San bô ne san cheneveüille.

Adam mainget de ce fru,
Daifendu,
Main ce fut sai mole ouvrance;
Saichant son cô, se caichit,
S'aicrepit,
Pou bouechie sai remaiubrance [2].
Las fannes fant bin das maux
As houtaux,
Ç'ot das reuze aivouë lieu couëtes [3];
L'eusse presque demoura
Ai jaima,
Laivouë l'ére tou de couëte.

Et n'Ange di Fiermament
Rudement
S'aicriet de tout son arbére :
Toi et ton bé Virago,
Collibo,
Te te ri de mai coulére.

Dainipa di Pairaidi,
Duë l'ai dit,
Vouëte vie seret de poune [4],
Que quand Eve aicoucheret,
Sentiret
Das aigueilles et das holeines [5]

---

1 Laid, épouvantable. —2 Du vieux mot français re-
membrance, souvenir. — 5 Cottes, jupons. — 4 Peine. —
5 Alène, outil de cordonnier.

Adam devin bin hontou,
Eve aitou,
Faillet panre ne piguesse [1];
Et maingie en gran langueu
Et sueu,
Di groüe pain pou de lai foisse [2].

Ai chaicun ot attaichie
Ce pechie,
L'ai fa ne grande traînesse [3];
Nous en seugne envelema
Pou jaima :
N'ot-ce pas ne gran tristesse ?

Lai poëthe de bon repo
Ere clio [4],
Ne sarpent lai peute béte
Mettet ne beure [5] darrie ;
Main Mairie
L'y aicraseret bin lai téte.

Lou bon Jesu ot venu
Marre-nu [6],
Las Sibiles et las Prouphétes
En ant fa de bé dit-on,
La liron,
Pou chanta ai ste gran Féte.
De ne pucelle y fut fa,
Déziapa,
Entre in buë, monsieu, et n'âne ;
Lai pouëre Armotte ot quy

---

1 Pioche. — 2 Gâteau cuit sous la cendre ; du vieux mot
français fouace qui a le même sens. — 3 Trainée, ramifica-
tion. — 4 Close, fermée. — 5 Obstacle qui empêche d'ou-
vrir. — 6 Entièrement nu.

Entemi [1],
Su di foin dans ne caivane [2].

Lai poëthe ere aibolanchie [5],
Qué pidie !
Y n'y aiva nun pou lai clioure [4],
Joueset cria : qui ot lai ?
Qui vai lai ?
Ç'ot lou vent , lai bise et l'ouëre.

On voya de tous coutas
Das cliatas [5],
C'ére aissuriement las Anges,
Aivoüe trompette et cliaron
La liron ,
Qui freguillint [6] sas louanges.

Las pastouriaux s'en vegnint
Di maitin ,
Tretou fachis [7] d'aillégresse ,
Et peu firent lieu présent
Justement
De ce qu'ére en lieu besaiche.

On vit trezi das Seigneu ,
Das Monsieu ,
Que vous ponthint das marvoilles ;
Lieu chevaux fesint hin ha ,
Ho ha ha ,
L'âne renda lai pareille.

C'ére las dignes troës Rois ,
Pa mai foi ,

1 Gelé.— 2 Caverne.— 5 Tombée de vétusté. — 4 Clore,
fermer. — 5 Clartés. — 6 Chantent joyeusement. Freguillie
signifie également fretiller. — 7 Farcis.

Et Joueset point ne s'éponte [1],
Soë defoë [2], prend son manté,
Son chaipé,
Et se tena quy ai l'ouëre.

NEUVIÈME NOEL.

AIR : Je rencontrai l'autre jour.

LES PASTEURS.

JESU, qui a lou cœu tranci !   *bis.*
Las peutes gens que voici,
Que nous aipreche !
Prente tretou vouë goillots [3],
Moi y prenra mai queuche.

LES ROIS.

Nous sommes Rois d'Orient,   *bis.*
Qui venons d'un cœur riant
Dans la Judée,
Pour adorer l'Enfançon
Qu'avons vu en idée.

LES PASTEURS.

Vous l'y troubla son repouë ;   *bis.*
Voilai un que l'y fa pouë ;
Deu las aipaules,
L'ai bin lou coë de ne gent,
Main l'ai téte d'in Mouëre [4].

LES ROIS.

Ne vous étonnez de rien,   *bis.*
C'est un Ethiopien,
Qui ne recherche

---

1 S'épouvante.—2 Dehors.—3 Serpe de vigneron.—4 More.

Qu'adorer à deux genoux
L'Enfant qui est daas la Crèche.

LES PASTEURS.

Maubré, vous n'entreri pas,   *bis.*
Qu'y n'eü meingie son soupa
Qu'on l'y aiprote :
Pouquoi veni-vous si ta,
Quand on ne voi pu goute?

LES ROIS.

Encore qu'il soit noire nuit,   *bis.*
Nous voyons que tout reluit
Dans cette Etable :
Permettez-nous d'y entrer,
Pour servir à sa table.

LES PASTEURS.

Veni, vous dites tra-bin,   *bis.*
Ai toute heure, ai tout maitin,
L'ot où l'auroure,
Qu'ot lai mére de cliata,
Que lou soulet aidoure.

LES ROIS.

Préparons donc nos présents   *bis.*
D'or, de myrrhe et d'encens,
Avant l'entrée,
Pour adorer l'Enfançon
Et la belle accouchée.

LNS PASTEURS.

Lou foin, l'aitrein ¹ ç'ot son oë,   *bis.*
Lai poüereta son trésoë,

---

1 Poussière provenant de la paiile brisée par le fléau des batteurs en grange; vulgairement de la pousse.

Et n'en veut d'autre,
Vatie[1] ste pouëre moëson,
Le vaut meu que lai vouëtre.

LES ROIS.

Pasteurs, à ce que je vois,   bis.
Vous savez toutes les Lois
Et les Prophètes,
Instruisez-nous pleinement
De toute cette Fête.

LES PASTEURS.

Peu que[2] vous éte poutha,   bis.
De ne boune voulonta,
Prante couraige;
Y vous dira ce qui scai
En mon bon groüe langaige.

LES ROIS.

Si le langage est pesant,   bis.
Le discours en est plaisant
Et profitable,
Pour nous disposer tous trois
A entrer dans l'Etable.

LES PASTEURS.

Qui ot ce peut chobrillie?
Ot-tu de lai compaignie?
Que se raicure!
Y feret poüe ai l'Offant,
Aivoüe sai regadhure.

LES ROIS.

Bergers, ne savez-vous pas   bis.
Qu'il est descendu ci-bas,

---

1 Regardez. — 2 Puisque.

Pour tout le monde,
Et secourir en mourant
Les mortels de ce monde.

LES PASTEURS.

Ne fâtes point las sçaivans,   *bis.*
Vous n'éte encoüot gare aivant ;
Que fau-tu fare,
Quan vous entreri dedan
Pou ne l'y pas déplare ?

LES ROIS.

Les Bergers, nous vous prions ,   *bis.*
Avant que nous y entrions,
De nous apprendre
Quelles sont ses qualités ,
Quel honneur lui faut rendre.

LES PASTEURS.

D'houneu vous ne l'y en serin [1]   *bis.*
'Tan rendre que l'aipathin [2] ;
Lou Cie , lai Tare,
Ç'ot lou moinre de sas bins ;
Pensa si n'en ai gare !

LES ROIS.

Bergers , ne méprisez point   *bis.*
Celui de qui Dieu prend soin ;
Voilà l'Etoile
Qui nous a dit de sa part
Cette bonne nouvelle.

LES PASTEURS.

Encoüot, pa lai téte-bré,   *bis.*
Qu'y seu in poüere Bargé

---

1 Saur iez , pourriez. — 2 Lui appartient , lui est dû.

3

De lai montaigne,
Ot pa seu-ye pu sçaivant
Que ceux de lai campaigne.

    Quan las Anges sont veuus   *bis.*
Chantant tout bé marc-nus,
Sus nouëte couëte :
Pa sus Tarc, glioure ai Duë :
Y étoüe tout d'aicouëte [1].

    Ç'ot lou gran Màtre di Cie,   *bis.*
Que nous aipelans Messie ,
Aivant tout étre,
Bin pu veille que sai Dam,
De l'âge de son Pére.

    Pensa-vous que son Sirot [2]   *bis.*
Set ce poüere veille Oncliot,
Que tint l'aiquielle?
L'ot bin mairi de sai Dam ,
Main sai Mére ot pucelle.

    Lai musique qu'on l'y fa ,   *bis.*
Ot de *ré*, et *ré mi fa* ,
Et ç'ot las Anges
Que lou venant endourmi
Tou las jou ai rechange.

    N'y ai étoile dan lou Cie,   *bis.*
Que set pu cliare que lie,
Ç'ot lai pu belle
Que set dans lou Fiermament
De l'Eglise nouvelle.

---

1 Tout oreilles. — 2 Père.

Y parlcroüe bin pu haut,   *bis.*
Main vous ne sçate que ç'ot
De lai musique
Que cause ce t'union ,
Qu'on dit hypoustatique.

Sire Joueset, vatie voë [1],   *bis.*
Se vouëte Gaichenot doë;
Qu'on lou ravoille;
Voici das Rois . das Seigneu
Qui l'y aipouthant marvoille.

BALTAZAR.

Sire, lui dit Baltazar,   *bis.*
Avec un humble regard,
Voici la Myrrhe,
Qu'à votre mortalité
J'offrirai la première.

LES PASTEURS.

Et l'ot bin vra qu'y meret [2],   *bis.*
Qu'en tare on lou mettret
Pou quairante heures ;
Main y raissusciteret,
San que jaima y meure.

GASPARD.

Du plus profond de mon cœur,   *bis.*
J'offre une coupe d'odeur,
Sous l'assurance
Que j'ai de la vérité
De sa divine Essence.

---

[1] Allez voir. — [2] Mourra.

LES PASTEURS

Y cret que ç'ot de l'encent,   *bis.*
Que qu ne lou voit lou sent ;
Lai créature
Que nous représente meu
Sai divine Naiture.

MELCHIOR.

O grand Roi ! dit Melchior,   *bis.*
Recevez de moi cet Or
Que je vous offre ;
Car c'est du plus assuré
Qui soit dedans nos coffres.

LES PASTEURS.

Vous vous étins raicoudha,   *ɔ .*
Pou vous si bin aicoudha
Ai vouëte ouffrande ;
Olla-vous-en, que l'ot ta,
Bon soi, Duë vous lou reude.

LES ROIS.

Mais nous vous remercions   *bis.*
De vos bonnes instructions,
Et de l'entrée
Que vous nous avez donnée
Vers la Vierge accouchée.

LES PASTEURS.

Ranguenna vouë grands machis,   *bis.*
Nous en seune tout fachis ;
Mai récompense
N'ot autre que mon JESU ;
Duë vous den boune chsnce.

DIXIÈME NOEL,

En forme de Dialogue entre deux Bergers.

AIR : Je viens de voir des soupirants.

JANNOT.

Pierot, dis-me, n'éte point vu
Lai-bas dans ças campaignes,
In Messaigie qu'ot cy venu
Pa-dessus nouës montaignes?
Y éta tout plein de cliata
Et de belle lemère,
Y nous ai dit que l'aipoutha
Lai nouvelle vie.

PIEROT.

O çai, Jannot, oblige-me,
Dis-me ste nouvelle;
Et pouquoi don me caiche-te
De si grandes marvoilles?
Y a déjet bin entendu
Brondena [1] lai bargiere,
Que l'y éta pa-qui venu
In houme aivouë Mairie.

JANNOT.

Ç'ot bin quy qu'ot arriva,
En voici lou Mystére :
Ste Mairie ai offanta,
Et ce l'ot Vierge-Mére;
Bin pu, son Offant ot in Duë,
Aivouë encoüot étre Houme,

1 Bourdonner, chuchoter.

Qu'ot venu pa dedan ças luës,
Pou raicheta las houmes.

Aicoute-me encoüot in pouë,
L'y ai bin das autres aiffares;
Das Anges que chantint tout foë :
Voici lai pa su tare.
Y me seu longtemps airata,
Pou voë lieu belle suite,
Et peu y a bin aicouta
Lai fin de ste musique.

Dé que ças Anges ant descendn
Su ne maichan caiboëde [1],
Où ce t'Offant éta tout nu,
Et ce lai bize y souffle :
Y las a seillet [2] de pré,
Pou voë ce qui veillint dire ;
Et peu y seu olla aipré
Vé ste boune Mairie.

PIEROT.

Mai foi, Jannot, y a bin l'envie
De voë ce t'aicouchie.
Vans-y don tout maintenant
De pouë qu'on ne l'oublie ;
Et peu se l'aiva besein de vin,
Y en a dans mon bareille,
Et se le veut di laissé frot [3],
L'en airet seize aiquielles.

JANNOT.

Te ne sças pas encoüot, Picrot,
Ce qui faut que te faisse :

---

1 Cabane, du mot caborde, ou caborne qui a le même
sens dans le langage populaire de notre pays. — 2 Suivis.—
3 Tout frais.

Se t'aivouë in pete breçot,
Vai-t'en vitelai lai Velle :
Aichete-zen in bé,
Et nous ierans ensemble
Aidoura ce pete t'Offant
Qu'ot lou Mâtre di monde.

PIEROT.

Y pleuret, Jannot quan tu me dit
Que lou Mâtre di Cie
N'ai pas tant seulement ici
In bré pou se couchie :
Et que ce pequignot Offant
Pou nous souffre et endure,
Pendant ce miserable tems,
Lai noige et lai fraidure.

JANNOT.

Veu-te sçaivoi pou qué sujet
De si grandes miséres,
Lou vent, lai noige et lou fret
Ce t'Offant souffre et sai Mére?
Ce Jesu nous ai tant aima
Que de daicendre di Cie,
Pou nous veni tous raicheta,
Et nous rendre lai vie.

PIEROT.

Y fautdon bin que nous aimins
Ce Jesu et Mairie,
Y faut aitou [1] que nous tâchins
D'aivoi lieute'aimitie,
Aifin que quan lai moë varet,

---

1 Aussi.

Nous n'en craignins pas l'heure :
Et que nous nous en ollins tout dret
Au Cie ai lai boune heure.

ONZIÈME NOEL.

Air : Tous las gueux de Besançon.

Adam éta bon gaichon
San sai chaite gorge :
Quand y moudhet dans lou blesson [1],
Y nous mit ai l'orge :
Se l'eusse boura lou groin
De sai fanne ai couë de poin,
Nous airins victoire
Dessu l'Ange noire.

L'Ange vint l'épé au poin
Broussant [2] de coulére :
Eve que lou voi veni,
S'enfu lai premére :
Adam coüot coum'in levrie,
Nun ne veut être darie :
Sauve lai valize !
Tous dou san chemise.

Ce mouché nous ai causa
Becoüe de miséres :
Ca aipré aivoi r'outa
Ai noüe premies péres

---

1 Pomme sauvage. — 2 Frémissant.

Tou lou honheu que l'aivint
Dans lou luë l'ai-vou l'étint,
On las mit su tarc,
Pou aivoi lai gare.

Ce mau aive bin besen
D'in tra-bon reméde,
Lou bon Duë ait aivu soin
De farc in mystére,
Pou nous veni raicheta,
Et nous retirie d'Enfa,
Où nous ollins étre
San nouëte bon Pére.

Lou bon Jesu ot venu
Dans ne pouëre Aitaule,
Lai-vou l'ot tout marc-nu,
Tout couvri de grole;
L'ot couchie dessu di foin,
Pace que sai Mére n'ai poin
De linge où lou mettre,
Peudant ste noige.

Y coumence ai souffri
Dé que l'ot au monde,
Pou tout farc reveni
Dans lou Cie las houmes;
Y veut que nous nous sauvins,
Et que nous fesins tout bin
Ce qu'y nous coumande,
L'y ai ne recompense.

DOUZIÈME NOEL.

AIR : Des Traquenards.

PHELIPOT.

Houlai ! ne vai pas si touë,
Aiminte, airate-t'in poüe ;
Aittend in moument
Nous irans de compaignie ;
Aittend in moument,
Ne vai pas si vitement.

AIMINTE.

Pouquoi don tant se troubla,
Quan y venet vous aissembla
Ç'ai, qu'aivouë faiveu,
In chaicun se boute en ouëdre [1],
Ç'ai, qu'aivouë faiveu,
On veigne voë ce Sauveu.

COLIN.

Ha ! Francillon, ç'ot ai toi
De fare juë de l'hauboi,
Aifin d'aivathi
Tous las gens de ce Velaige,
Aifin d'aivathi
Tous ceux que vourant veni.

PIEROT.

Ceux que sont cy maintenant
Devint aivoi das presans,
Pou fare ai lieu toüot [2]
Quéque charitable ouffrande,

1 Ordre. — Tour.

Pou farc ai lieu toüot
Ai ce pete Roi lai coüot [1].

AIMINTE.

Main, devan que de marchie
Regadhans ce qu'on veut beillie..
Et que las presans
Sayint de bécoüe de soëthes [2],
Et que las presans
De chaieun sint bé et grans.

TOUNOT.

Moi, ce qu'y teñet ici,
Ç'ot in bon membre fachi,
Et l'ot excellan,
Et l'ot délicait et tanre ;
Et l'ot excéllan,
Et bin moillou qu'in fesan.

GROUJAN.

Y fet poutha dans lou luë
Où repouse ce gran Duë,
Doüe pares de poulots,
Aivoüe ne gelenotte,
Doüe pare de poulots,
Pa noüete pete volot.

PIEROT.

Y a in pete chevrau,
Aivoüe in tra-bon levrau ;
Tierri et Coulin
Pouthant pou lieu ouffrandes,
Tierri et Coulin
Pouthant chaicun in laipin.

---

1 Cour. — 2 Sortes.

AIMINTE.

Enfin, moi, pou ce Poupon,
Y pouthet in bé chaipon;
Ç'ot in das pu gra
Que set dans tou lou Velaige;
Ç'ot in das pu gra
Qu'on varet jou ai jaima.

TREIZIÈME NOEL,

COMPOSÉ EN 1705, SUR LA PROCESSION GÉNÉRALE
DE BESANÇON [1].

AIR : Buvons, buvons, mes chers amis, etc.

*A la naissance de Jésus, des Bergers s'éveillent à la
voix des Anges qui viennent leur annoncer la venue
du Sauveur, et les invitent à aller l'adorer et lui
rendre leurs hommages.*

Levans-nous vite, aicoutans bin,
Voiqui qu'on crie di gran maitin,
On entend bin di tintaimare;
Las Anges chantant hautement,
Qu'en pa seret toute lai lare,
Que nous n'airans pu de tourment.

Lou feu ot-tu en quéque luë?
Çai, courans vite, héla, mon Duë!
L'ai pris sans doute dans l'Aitaule;
C'ére in pouëre meichant taudi,

---

1 Ici commencent les Noëls composés par FRANÇOIS
GAUTHIER. — Les sommaires et explications qui précè-
dent quelques-unes de ces pièces ont été conservés tels qu'ils
existent dans l'édition originale, ainsi que l'indication des
airs sur lesquels on doit les chanter.

Où nous olins pendant lai grole
Quéquefois mettre noücs brebis.

On voit bé, quoiqu'y feusse neu,
Qu'y veigne de souna mainneu [1];
Noücs poulots ant don lai pepie,
Ca y n'ant encoüot ran chanta;
Voi-te ce flambeau dans lou Cie,
Ç'ot in signe que l'ot bin ta.

Pa-lai! [2] causeré-te toujou?
Cret-me, ce n'ot pas quy lou jou :
Entend voë ças belles musiques;
Aicoute in poüe ças instrumens?
Voi-te pas ças Troupes Angéliques,
Que daicendent du Fiermameal?

LES ANGES.
Pasteurs, courez vite en ce lieu
Et adorez-y votre Dieu;
Car c'est pour vous qu'il vient de naître,
Nous en sommes les Messagers :
Allez donc tous le reconnaître :
Partez vite sans trop songer.

LES BERGERS.
Monsieu, pala in poüe de loin,
Ca, su mai foi, voöete pourpoint
M'aibloui, y lut coume n'Astre :
In Mesaigie, qué bé haibit!
Sans doute que stuqui di Mâtre
Seret tout chargie de rubis.

LES ANGES.
Courez vite, doublez le pas,

---

1 Minuit. — 2 Paix-là!

Pour voir un Sauveur plein d'appas,
Couché tout nu dans une Crêche,
Sans langes, accablé de maux,
Dessus un peu de paille fraîche,
Au milieu de deux animaux.

LES BERGERS.

Que veni-vous ci lantana?
Reveni in poüe l'autre anna
Pou nous conta cete fredaine,
Ç'ot qui in compliement counu :
Quoi! vous serins vétu en Reine
Et voüete Mâtre seret nu?

LES ANGES.

Celui qui est né dans ce lieu,
C'est mon Créateur et mon Dieu,
Qui vient pour racheter la Terre
Qu'Adam avait, par son péché,
Mis dans une éternelle guerre,
Et tout le monde avait taché.

LES BERGERS.

Ç'ot perré [1] don ce gran Mésie
Que seret daicendu di Cie,
Que vint nous ouëta de soufrance.
Courans-y tous vite ai grands pas ;
S'y vint pou nouëte dailivrance !
Pouquoi ne le secouri pas?

Ce seret pouthan lai raison
D'olla dire ai nouëte moëson
Qu'on ne set pas de nous en poune :
On fronceret chuë nous lou na,

---

1 Parbleu.

S'on ne vai dire ai Daime Boune
Que ne nous aitende ai dina.

N'y vai pas, sus, pathans d'ici,
Pouquoi panre tant de soüeci?
Le l'iret dire ai sas Coumares,
Aipré lies ce n'ot jaima fa ;
Le ferint trou de lintaimare,
Faure in mois pou las aitiffa.

Ollans vite sans tant songie,
Coume ai dit ce bé Mesaigie ;
Aivant qu'y eusse trou de monde ;
Ca se l'airive das Monsieu,
Et que bécoüe de Peuple aibonde,
De lou voë nous ne sons pas sieu [1].

Aivoille-m'in poüe ce groüe poë,
Regadhe-me don coume y doë !
Laisse-lou, qu'y ne peut marchie,
Et ç'ot in groüe ventre peri,
Qu'ai las tolons tout aicourchies,
Qu'on ne seret fare gueri.

Ah ! qu'y vai bin aivoi grandoüe [2],
Coume y vait virie lou doüe,
Qunn nous l'y dirans las aiffares
Que nous airans vu pa lai-bas !
Y crairet que ç'ot das fanfares ;
Coisans-nous [3], ne l'aivoillans pas.

Main, coume ot-ce que nous ferans ?
Et qu'ot-ce que nous ly dirans ?
Ç'ot in gran Roy, in gran Mounarque ;
Que Jannot fese lou discoüot,

---

1 Sùrs. — 2 Regret, dépit. — 3 Taisons-nous.

Ç'ot lou bargie lou pu de marque,
Y las fa bé, et las fa coüot [1].

Ho ! qui fa bé dedans ce lüe!
On voit bin que ç'ot noüete Duë,
Noüete Sauveu et noüete Prince,
Qu'ot quy couchie dessu ce foin ;
Lu qu'ait das millie de Prouvinces,
Ot réduit dans in pele coin.

Prosternans-nous et l'aidourans ;
Basans-ly las pies, l'hounourans
Coume noüte souverain Mâtre :
Peuque vous veni ci pou nous,
Faure étre foüe, aiquairiâtre
Qu'en aimere n'autre que vous.

Hélas! sire Joueset, padhon,
Nous n'ans point aipoutha de don,
Au Poupenot ne ai lai Mére :
Quand nous serans dans nos houtaux,
Nous envierans noüs mennaigeres,
Qu'aipoutherant tout ce qui faut.

*Ils aperçoivent venir celui qu'il avaient laissé endormi
dans leur cabane, qui s'étant éveillé courut après eux,
et s'arrêta pour voir passer la Procession générale
de Besançon, qu'il avait rencontrée par le chemin.*

Voi Tounot qui coüot coume in foüe
Aivoüe son bôton su son couë,
Quéqu'un l'ai sans doute aivoillie ;
Voiquy pou panre in purési [2];
Y ne peut pu que bocoillie [3],
Que ne vena-tu ai lesi [4]?

───────────────

1 Court. — 2 Pleurésie. — 3 Béquiller, tirer la jambe
marcher avec peine. — 4 A loisir.

Celui qu'ils ont laissé endormi dans leur cabane, leur cherche querelle.

Mai foi, vous vous mouqua das gens,
Et vous n'éte pas lieu argent;
Vous éte de braves Confréres :
Pouquoi veni ici sans moi?
Vous ne me traita pas en Frére;
Y m'en souvara [1], su mai foi.

N'y ai-tu ran quy pou boire in coüe?
Grand Duë, combin y a aivu poüë!
Y en a pensa padre lai vie :
Y me seu bin vu entraipa,
Et aivoüe quasi boune envie
De revirie dessu mas pas.

LES AUTRES BERGERS.

Boi vite, et te nous conteré,
Tranquilement, et nous diré
Ce que t'é vu dans nouës campaignes,
Seret sou ran [2] quéques Soudats,
Que venint dessu nouë montaignes,
Armas d'épés, de piques et das?

Y en ait de toute Nation,
C'ot ne grande Pouchaission
Que vint ici dessu doues files,
De lai Velle de Besançon ;
Das Monsieu, das Fannes et das Filles,
Que chantant ne balle chanson.

UN AUTRE BERGER.

Voi! Tounot, te m'é fa gra pouë,

---

1 Souviendrai. — 2 Ne serait-ce rien.

Su mai foi , y a aivu bin pouë,
Y craiyou étre das Gendarmes ,
Que venint pou nous saiquaigie ,
Et voulint baillie las ailarmes ;
Main y n'y ai point de dangie.

Çai , çai , conte-nous vitement ,
Et ne fa point de compliment ;
Ca tu nous boute tous en poune,
Qu'éte vu que t'eusse ailarma ?
Quoi ! éte aivu pouë de quéqu'houme
Que t'eusse trouva bin arma ?

Le Berger qu'ils avaient laissé endormi.

Tu n'aitend pas jusqu'ai lai fin,
Et te n'é, mai foi, pas prou fin ;
Y a bin vu encoüot d'autres aiffares ;
Y en est qu'ant travachie lai ma,
Que semblant das houmes de garc ,
Haibillie coume Jaiquema [1].

---

1 Le nom de ce personnage , célèbre dans l'histoire de Battant et lieux circonvoisins, n'est point un nom propre et personnel, comme les dignes BOUSEBOTS se plaisent à le croire depuis longues années, mais un terme générique et commun à tous les fonctionnaires du même rang qui trônent de temps immémorial sur les beffrois de nos antiques cités. « JACQUEMART (dit le vocabulaire officiel de l'académie) fi- » gure de fer, de plomb ou de fonte, qui représente un » homme armé et que l'on met quelquefois sur le haut » d'une tour pour frapper les heures avec un marteau sur « la cloche de l'horloge. » Il est pénible de détruire de pareilles illusions , mais la vérité de l'histoire avant tout.

Quelques explications, actuellement, sur le mot BOUSE-BOTS, dont nous venons de nous servir. Ce nom propre , considéré peut-être comme un sobriquet ridicule par la plupart de ceux qui l'emploient, se rattache néanmoins par son

Main y veux voë ce bé Poupon ;
Voici in paiquet de bonbon

origne à un fait que les habitants du faubourg de Battant
ont longtemps compté parmi leurs plus beaux titres de gloire.
Nous voulons parler de la défaite des huguenots, lors du
coup de main tenté, le 21 juin 1575, contre Besançon par
ces derniers qui « chassés et expulsés de la cité par l'occasion des nouvelles opinions qu'ils ont voulu suyvre contre
Dieu, nostre saincte mère Église romaine, les édicts, or-
donnances et commandements de sa majesté Impériale (di-
sent les registres de l'Hôtel-de-ville) entreprinrent de sur-
prendre la dicte cité et par force y rentrer avec intelligence
et practiques des princes estrangiers, favorisant leur pré-
tendue religion. » La vigoureuse résistance opposée par eux
à l'atttaque des huguenots, désignés à cette époque (dans
notre pays) par le sobriquet injurieux de bots (ou cra-
pauds) mérita dès-lors aux citoyens des quartiers d'Arènes,
Battant et Charmont le surnom de pousse bots (pousse-cra-
pauds, chasse-crapauds), dégénéré depuis par corruption
en celui de Bousebots qu'ils conserveront probablement
longtemps encore. Toutes les pièces relatives au fait dont il
s'agit se trouvent recueillies dans le Tome 1er des Mémoires
et Documents inédits pour servir à l'histoire de la Franche-
Comté, publiés par l'académie de Besançon, pages 525-
571. Nous ne pouvons résister au désir d'en extraire une
espèce de cantique, ou plutôt complainte, composée à l'occasion de ces évènements et qui nous semble trouver ici na-
turellement sa place. Cette pièce provient d'un manuscrit
appartenant aux archives de l'archevêché.

Air : *Quand ce beau printemps je vois*, etc.

Rends louange au roi des Cieux
En tous lieux,
O Besançon, ville antique,
Puisqu'à la faveur des saints
Leurs desseins
N'ont servi aux hérétiques.

Leur sinistre volonté

A été
Ta cité mettre au pillage,
Ces lieux sacrés embrasés,
Et pillés
Pour y faire un brigandage.

Ainsi brassoient sur les champs
Ces méchants

Pou lou mettre dedans lai bouche ;
Aipré qu'y l'aira aidoura,

Tel complot abominable ;
Enfin , ces vrais ennemis
    Ont vomi
Leur trahison détestable.

De juin vingt-unième jour,
    Sur le jour,
Ces gueux suivent l'entreprise,
Plaçant bateaux à l'entour
    D'une tour
Par Battant ils l'ont surprise.

Eux entrés en grand fureur
    Et clameur
Tant chevaux qu'infanterie
Crioient : Frères, armez-vous,
    Suivez-nous ,
Gagnons l'artillerie.

Leur capitaine *Beaujeu* 1,
    Traître à Dieu ,
Conduisoit cette canaille,
Entrainoit ces laids màtins ,
    Ces mutins,
Ces bannis, cette racaille.

Bronchant lors tous entr'eux
    En ces lieux ,
Les conjurés hérétiques
Ont, par des traits inhumains,
    Teint leurs mains
Du sang des bons catholiques.

Marchant les gens de chevaux ,
    Par monceaux,
Dans la ville avec bravade,
Ont braqué cinq gros canons
    Sur le pont ,
Attendant leurs camarades.

Mais Dieu qui est notre port
    Et support
Suscita notre archevêque 2
Qui repoussa hardiment ,
    Vaillamment,
Leur fureur turquesque.

Tòt après on vit veni
    Preux *Vergi* 3,
Lequel d'un cœur magnanime
Fit tête au premier assaut
    Qu'en sursaut
Nous dot na cette vermine.

C'est un fait miraculeux,
    Merveilleux ,
Que par bien petite troupe
Les huguenots sont chassés ,
    Repoussés,
Et soudain mis en déroute.

Celui qui l'enseigne au poing
    Fort en point
Portoit avec grand courage,
Forcé de la mettre bas,

---

1 Paul de Beaujeu, gentilhomme lorrain, qui s'était retiré dans
le comté de Montbéliard à cause de ses opinions religieuses. Blessé
d'un coup de pique dans cette affaire, il mourut seulement en
1590, (au château de Magni-d'Anigon·—2 Claude de La Baume ,
mort à Arbois, en 1584 , lorsqu'il allait prendre possession de la
vice-royauté de Naples dont il avait été pourvu par Philippe II. —
3 François de Vergy, comte de Champlitte , gouverneur du comte
de Bourgogne, mort en 1591.

Tout ce qu'y a vu pré de ne souche,
Çates [1], y vous lou raicontra.
   Hon hon, han han, y faut craichie,
Panre di tabac, se mouchie;
L'aiffare ot de longue durie,
Y a pouë de panre lai pepie;
Pou l'aicrire y seu aissurie,
Qu'y faut pré d'in qué de paipie.
   Y vé commancie pa in bout,
Aifin de vous raiconta tout,

[1] Certes, assurément.

De ce pas
Au plus tôt plia bagage.

Beaujeu étoit flanc à flanc
   Par les rangs ;
Voyant des siens la défaite,
Promptement tourna le dos,
   A propos,
Pour n'être pas de la fête.

Cette retraite ne fut
   Qu'il n'y eut
De massacrés un grand nombre;
On les alloit abattant
   Par Battant
Et on en faisoit décombre.

Plusieurs payent aux poissons
   Leur rançon.
Dont ils firent leur pâture;
Car avec les bons chrétiens
   Ces coquins
Ne prétendaient sépulture.
En ces termes furent pris
   Et surpris

Plusieurs qui restoient pour
      gages :
Gascons, Français, Allemands,
   Tous truands,
Finirent par le cordage.

Besançon, tu as senti
   Ce moment-ci
Des huguenots la surprise ;
Puis en cette hostilité
   Assisté
Garde-toi d'une entreprise.
Donc extirpe entièrement
   Promptement.
Car si justice n'est faite
.   .   .   . [1]
   Tout a droit,
Pour un il en naîtra mille.

Or, Seigneur Dieu, rédempteur,
   Protecteur,
Ta main soit une muraille :
Ton bras soit un boulevard
   Et rempart,
Pour garder les pauvres ouailles.

[1] Cette ligne manque dans le manuscrit.

S'y peux aivoi boune mémoire ;
L'ant dit qu'y venint en ce luë,
Y lisint in livre d'Histoire,
Que disa, qu'ici éta in Duë.

Le Berger raconte, à sa mode, qu'il a vu la Procession générale de la ville de Besançon, qui vient adorer Jésus.

Ç'ot lou premie que vait devant,
Y se doit repouësa souvent,
Y pouthe ne grande Bannére
Qu'ot de broderic de brouca ¹ ;
Plése ai Duë, dans mai potenére ²,
De ce que le coute aivoi lou qua !
Tant d'Aicouëlerots lou suivant,
Que se baitant lou pu souvent,
Se poussant, fesant lai tempéte :
Das saiges Regens las gadhant,
Et lie fantu signe de lai téte,
Que demain s'en repentirant.
L'y ait das Moines que marmoutant
Su das chaipelots qu'y pouthant,
Das nois, das gris, de toutes soëthes ;
L'y en ait das chaussies, das daichaux ³,
Ças daries sont loyies de coëdhes,
En ce tems y n'ant pas trou chaud.
Aipré lieu suivant das Monsieu ⁴,
C'en ot, y en seu quasi bien sieu,
Qu'ant das surpelis et das roubes
Que sont vioulettes et bin foura,

---

1 Brocart, étoffe brochée de soie, d'or ou d'argent.—
2 Poche.—3 Déchaussés, tels que les Carmes et Cordeliers,
— 4 Les chanoines du chapitre métropolitain.

Ne craignant ne noige ne bourbe,
Et venaut ci pou l'aidoura.

On on voit d'autres au bé moitant[1],
Que s'aitrangliant presqu'en chantant
De ce Poupon tant de louanges;
Y lou diset sans baidina,
On diret qu'on entend das Anges;
Pou lieu on padheret son dîna.

Lou pu bé, ç'ot das gaichenots,
Pas pu grands que nouëte Jannot,
Que lisant dedans lai musique;
Lou Màtre tint in grouë caithon[2],
Et l'entend foë bin lai menicle[3],
Pou bin fare panre lou ton.

Et peu das Raclioux qui racliant
Su das grouës vioulons qu'y pouthant,
Que sont pendus ai lieu ceintures;
Un que ne daissare las dents,
Main que pouthe de l'aicreture
Où las Raclioux lisant dedans.

N'autre souffle dans n'instrument
Qu'ot tourtillie coume in sarpent,
Tant que l'ai au monde de foëche;
Lu tout seul mene put de brut
Qu'in baitourot pou las aicoëches[4];
Non, y ne l'airouë jaima cru!

Bon Duë! qui étouë charma de voë
In Seigneu qu'ot tout vetu d'oë!
Ca l'ai ne si nouëble praistance,

---

1 Milieu. — 2 Carton. — 3 Manique, espèce de gant ou de demi-gant que les ouvriers se mettent à la main pour qu'elle puisse résister au travail. — Entendre la musique signifie, en langage populaire, connaître à fond son métier. — 4 Un battoir d'écorce.

Que ce qui lou fa distingua ;
L'ait sans doute de l'élouquence ;
Y vint ici pou l'hairanga.

L'y ai tant de **Prétres** au toüot de lu !
Main pa-dessu tout y relut,
Quoique l'eussint foë bounc mine :
Y ressemblant das petes monts,
Ou bin das petetes coulines
Qu'entourant in nouëble GRAN-MONT [1].

Lou bounet qu'y pouthe ot pointu ,
Et peu l'ot pa lou bout fendu ;
L'ot tout chargie de pierreries,
Aivouë doües chouses que pendant,
Tout coume fant cas droueleries
Qu'as coiffes las Daimes pouthant.

In **Prétre** tint ne Croix devant;
Y vouroué étre in poue sçaivant,
Pou dire ce que pouthe n'autre :
Ç'ot n'aiffare coume in boudbon [2],
Stuquy de Saint Jacques l'Aipoutre
N'éta ne si bé ne si bon.

Das Monsieu, Bourgeois, Athisans ,
Que priant Duë chemin fesant ;
Y craiyet qu'y sont bin dou mille ;
On voit bin lieu intention ,
Y venant rangie file ai file ,
Et suivant lai Pouchaission.

Las Fannes sont en in ploton

---

1 Jeu de mots en calembour sur le nom de François-Jo-
seph de GRAMMONT, archevêque de Besançon, mort à Vieil-
ley (Haute-Saône), le 20 août 1717. Les obsèques de ce prélat
sont le sujet du 14° noël de la seconde partie de ce Recueil.
— 2 Un bourdon de pèlerin.

Coume nouës troupés de moutons ;
Las ennes retroussant lieu coutes,
D'autres disant : Plût au bon Duë
Qu'on ne feusse ai lai Pentecouëte!
Y n'y airet pas si maichant luë.

Après avoir raconté ce qu'il a vu de la Procession, il
parle de trois Rois et de leur suite.

In pouë pu loin l'y vint das gens,
Que sont vetus d'oë et d'argent ;
On m'ait dit que c'éta das Princes
Que veniant ci pou l'aidoura,
Pou l'y consacra lieu Prouvinces,
L'y basie las pies, l'honoura.

Main y ne m'a sçu empoëchie ,
De me daivirie, me caichie ,
Pou rire in pouë bin ai mon ase,
D'un qu'on n'entend pas margouillie ' ;
Y étouë ravi couma en ézetase
De voë coume y l'ant barbouillie.

Quand las passans lou regadhant,
Y rit , et peu montre das dents
Que sont pu blanches que l'byvoire ;
Main lu ressemble di charbon ,
Et l'ai, mai foy, lai pë pu noire
Qu'in veille cu de chaudiron.

L'ot bin fa, se n'ére caimu ;
Pouquoi ne se réeura-tu?
Y fa creva las gens de rire :
En entrant disans-l'y tout franc :
Çates, raicurie-vous , bé Sire ;
Ca vous feri pouë ai l'Offant.

---

1 Baraguiner.   4

L'ait aipré lu in mirmidon,
Y cret que ç'ot lou marmiton
De Minos et de Rhadamante :
L'ot blanc coume in saic ai charbon,
Et ce n'ot pas ici ne mente ;
Son poi ç'ot lai pé d'in mouton.

Nouëte Charmot las regadha :
Se t'aivouë vu coume y gronda !
Main lieu risint, voyant ste béte,
Que se recoula de dou pas,
Quand y l'y voulint fare féte,
Et s'aitranglia de las jaipa.

L'ant das chevaux que sont boussus,
L'y est de grousses charges dessus ;
L'ant lou cou pu grand que las nouëtres :
On dit que l'ant quy lieu trésoës,
Et que dedans das petes couëfres,
L'ant l'Encens, lai Mirrhe et peu l'Oë.

L'ant tant d'équipaiges aivouë lieu,
Qu'y seu en vérité bin sieu
Qu'y fauret bin trente aicuries ;
Y maingerint, pa lai charbüe,
Lou foin de toutes nouës praries,
Aivouë stu de l'âne et di buë.

Palefrenies, Paiges et Laiquets,
Soudats, Hollebadhies, paiquets,
Chevaux de main, de bât, de selles :
L'en ant tant que de ne set quoi ;
Se quéqu'un lieu charcha querelle,
Y scarint bin dire pouquoi.

Les Bergers qui étaient venus avant lui.

Las Laiquets n'y entrerant pas ;
Qu'y ferint-tu que d'entraipa ?
Y sont tous remplis de malice ;

Y se mouquerant di bon Duë,
Ou bin ferant quéque soutise
Au pouëre âne ou au pouëre buë.

      Das Palfrenies y n'en faut point;
In pou de peille, in pou de foin
Suffit pou ças douës pouëres bétes :
Y ne las faut ran aitrillie;
Quand l'ant in loyin ⁴ dans lai téte,
Le sont tra-bin enharnaichies.

      Y ne veut pas voë las Soudats,
Ca ç'ot lou Prince de lai Pa,
Y n'aime ne sang ne carnaige;
Y lieu beilleret lieu congie,
Et lieu diret pou tout poutaige :
Prante vouës paiquets, dailougie.

      Çai, çai, que s'ollint proumena,
Ce n'ot pas pou lieute bé na
Lou foin de ças douës pouëres bétes ;
Que si nous venant lantanna,
Y cassera las brails, las tétes
De ceux que vourant raisouna.

SAINT JOSEPH.

Bergers, ne vous étonnez point,
Ils ne viennent pas de si loin
Pour vouloir faire aucune injure;
C'est pour adorer ce grand Dieu,
Couché dans cette grotte obscure,
Que leurs pas s'adressent en ce lieu.

      Les Bergers s'en allant.
Peuque ç'ot de vouës bons aimis,
Noas vans voë que fant nouës brebis

---

⁴ Licou.

Que nous ans laissie dans lai plaine :
Bonjou tretou, poutha-vous bin,
Nou vous envierans de lai laine,
Et de toutes soëthes de bin.

QUATORZIÈME NOEL.

Air : Les Fanatiques que je crains.

JANNOT.

Bargies, sus daipoëchans-nous donc,
D'olla voë lou Mésie,
Qu'ot dans lai pu poüere moëson
Que soit desou lou Cie :
    Noüete Roy
S'en vait meri de fret,
Courans lou soulaigie.

TOUNOT.

Main se nous laissans nouës moutons
Au moitant das praries,
Las loups que sont dans cas cantons
Voyant nouës Bargeries
    Sans secoüot [1],
Nous juerant in bé toüot [2],
Ferant das boucheries.

JANNOT.

Ollans, mouquans-nous de cequy,
Ne craignans pas lieu raige,
Lou pete t'Offant qu'ot iquy,

---

[1] Secours. — [2] Tour.

Ot pussant, bon et saige;
Vitement,
Pouthans l'y das presens,
Rendans l'y nouëte hou maige.

TOUNOT.

Te cause bin coume y te pla,
Main n'ans-nous pas lai gare
Enflâma de tous las couta,
Su lai ma, su lai tare?
Que pouret
Fare ce chemin-lai,
Et se tirie d'aiffare?

JANNOT.

Ce que Duë gadhe ot bin gadha,
Pathans tous sans tant dire;
S'y voyouë dez mille Soudats,
Y ne feroüe qu'en rire;
Ce Poupon
Couchie tout de son long
Ait dessu lieu l'empire.

TOUNOT.

Main si nous prenins nouës presans,
Que feret nouëte troupe?
Nous seunes ai present dans in tems
Qu'ot bin venu qu'aipouthe;
Sans cequy,
Retirie-vous d'iquy,
On nous diret sans doute.

JANNOT.

Tounot, ton drouële sentiment
Me fa creva de rire;
Se te sçaivouë tant seulement

In poue lére ou aicrire,
     T'aipanrouë,
Ou te ne lou vourouë,
Que l'ait tous las Empires.

TOUNOT.

On dit que l'ot en pouëre luë
Dans ne maichante Aitaule,
Qui n'ait pou tout train qu'in groue buë,
Aivoue n'âne que baule ;
     Qu vouret
Lou craire, lou pouret ;
Main ç'ot ne faribole.

JANNOT.

Las Anges l'ant tant publia,
Et te reste incrédule ;
Quoi ! te l'é déjet oublia?
T'é ne tète de mule,
     Qu'au moument
Pa tout son sentiment,
Vai, te n'é que ne buse.

TOUNOT.

Y a bin entendu qu'y chantint
Lai Pa dessu lai Tare ;
Main y crayoue qu'y se mouquint,
Peuqu'on n'ye voit que gare,
     Que malheus,
Que brigans, que vouleus,
Que feu, brut, tintaimare.

JANNOT.

Ç'ot nouës peichés, mon chey aimi,
Qu'en sont lai seule cause ;
Lou Démon qu'ot nouéte ennemi,

Ai nouëte bin s'oppose;
Et nous fa ,
Pou nous mettre en Enfa ,
Fare d'aitranges chouses.

TOUNOT.

Ollans aidoura ce Poupon ,
Qu'on dit que ne Pucelle
Allaite dedans son juron [1],
De sai chaiste maimelle ;
Ollons voë
Si n'ot pas déjet moë,
Lai chouse ot das pu belle.

JANNOT.

Te ne peux companre cequy,
Ç'ot in trou grand mystére;
Ce pete t'Offant qu'ot iquy,
Ot Duë, et Roy, et Pére ,
L'ot éta
Deu tou l'aitanita [2],
Long-tems aivant sai Mére.

TOUNOT.

Pourouë-te me dire pouquoi
L'ot né dessu lai tare?
Vin-tu pou contraindre las Rois
Ai bin-touë lai pa fare?
Ou vin-tu
Nous traita en vaincus
Et nous fesant lai gare ?

JANNOT.

Y n'aime çates que lai Pa ;

---

1 Giron , sein. — 2 L'éternité.

Se chaicun éta saige,
Y ne lai refuseret pas
Ai tout l'humain lignaige;
     Main nouës maux,
Fant que dou animaux
Sont tout son aipanaige.

TOUNOT.

Regadhe in pou ce bé Poupon :
Mon Duë, lai belle Angeotte!
Y l'y veux beillie in jupon,
Et peu ne chemisotte;
     Y meret,
Lou fret lou saisiret
Dans ste pouëre grotte.

JANNOT.

Beillie-nous au pu touë lai Pa,
Et finite lai gare ;
Que se dans pou nous ne l'ans pas,
Aidue toute lai tarc;
     C'en ot fa ,
Tout périt pa lou fa [1],
Et tout charet [2] pa tarc.

TOUNOT.

Que se las Soudats s'en venant
Dedans vouëte aicurie,
Vouëte âne et vouëte buë panrant ,
Sans raispecta Mairie :
     Y pillant ,
Et même saicaigeant
Velle, Boüots [3], Métaries.

---

1 Le fer. — 2 Cherra, tombera. — 3 Bois, forêt.

JANNOT.

Ce sere donc vouëte proufé [1]
Aussi bin que lou nouëtre,
Se vous aivint in bé troussé [2],
S'in prince éta vouëte houëte [3],
        Y varint,
Et peu vous bouterint
Tous qu'y-devant ai l'ouëre.

TOUNOT.

Sire Joueset, vous voites bin
Que se nous étins riches,
De nouës moyens et de noüës bin
Nous n'en serins pas chiches;
        Main padhon,
Prentes nouës poueres dons,
On rougne trou nouës miches.

QUINZIÈME NOEL.

AIR : O jour ! ton divin flambeau.

LES BERGERS.

Bon Duë, qu'entend-t'on lai bas!
On diret qu'on tint lai foire,
Et passonne ne peut craire
Qué tumulte et qué fracas
On fa pré de st'Ecurie,
Q'uot iquy si dailabra;
Tout cliare, y seu aissurie
Qu'elle ère bin-tôt brela.

---

1 Profit. — 2 Trousseau. — 3 Hôte.

LES ANGES.

Pasteurs, accourez-y tous,
Vous verrez là votre Maître,
Allez donc le reconnaître,
Il vient naître parmi vous,
Pour vous tirer d'esclavage
Et vous affranchir des fers,
Des peines et du dur servage
Du malheureux Lucifer.

LES BERGERS.

Ç'ot donc lou liberateu
De nouëte humaine naiture,
Que s'ot fa ne créature,
Pou nouëte unique bouheu.
Ç'ot sans doute ce Mésie
Qu'on aitend deu tant d'anna,
Qu'ot né das flancs de Mairie,
Pou sauva l'houme danna.

LES ANGES.

En pauvre lieu il est né,
Son état est déplorable ;
Il est des plus misérables,
Et de tous abandonné :
Accourez-y donc sans crainte,
Il chérit tous les Pasteurs
Qui lui vont offrir sans feinte
Leurs biens, leurs corps et leurs cœurs.

LES BERGERS.

Ollans, çai daipoëchans-nous,
Grand machi de vouës nouvelles,
Y n'en sçai point de pu belles.
Veni-vous-en aivouë nous,

Nous poutherans das bareilles
Remplis de vin de n'anna,
Aivouë de grousses bouteilles
D'in vaissé entaivana [1].

LES ANGES.

Vous ne nous connaissez pas;
Vous ne savez qui nous sommes;
Nous ne sommes pas des hommes,
Ni n'habitons ici-bas;
De ce Roi, ce grand Monarque,
Notre éclat en est la marque,
Partez sans tant raisonner.

LES BERGERS,

Encoüot in cô, grand machi,
Et lou bon Duë vous lou rende,
Nous van quęri quéque ouffrande
Pou l'Offant qu'ot venu ci,
Ai vouëte compte tout manque
Dedans sai pouëre moëson,
Pain, vin, bô, couvathe [2] et mante
Dans ne si rude saison.

LES ANGES.

Quoiqu'il soit dans le besoin,
Et couché dans une Etable,
Cet état si misérable
Ne vous doit tenir en soin.
C'est lui qui régit la foudre,
Et qui tient les Eléments,

1 Mis en perce. — 2 Couverture.

Qui peuvent réduire en poudre
L'Univers dans un moment.

LES BERGERS.

Ranguenna vouës complimens,
Y las trouvet das pu drouëles,
L'ot dedan ne pouëre Aitaule,
Y régit las Eléments.
L'ait de tous bins ai foëson [1];
Main lou vent, lai bise et l'ouëre
Soufflant dedans sai moëson.

LES ANGES.

Il ne dédaignera pas,
Bergers, toutes vos offrandes;
Mais il en veut de plus grandes,
Elles ont pour lui mille appas;
Il veut que vous lui donniez
Des cœurs tout-à-fait contrits,
En un mot, que vous soyez
Purs de corps et d'esprit.

LES BERGERS.

Y aimerouë meu mille fois
Endurie mille souffrances,
Qu'on me traîne ai lai poutance,
Que d'offensa ce bon Roy.
Qu'on me fouete et qu'on m'aittaiche
Coume lou bon Saint Vanie [2],
Qu'on me mette ai lai besaiche,
S'y peichet pu de mai vie.

---

1 A foison. — 2 Saint Vernier, patron des vignerons.

SEIZIÈME NOEL.

AIR : Je suis dans la tristesse, *ou* de Turlu , turlutu.

Fesans raijouissance ,
Risans, dansans, chantans,
Ca voicy ne naissance,
Que tout le monde aitend ;
In Prince ot né su Tare ,
Que vint fini lai gare ,
Et turlu, turlutu ,
Tout périssa sans lu.

Lou Diable peste, enraige
D'être dedans l'Enfa ;
Lou droule ouzé en caige ,
Que lou peut Lucifa ,
Qu'ot dedans ne chaudére
D'huile ou d'autre maitére [1]
Et turlu, turlutu,
Y n'en soëthiret pu.

Pouquoi donc, peute béte ,
Ai-te tanta Adam ?
Qu'aivouë-te dans lai tête,
Dit, malheuroux Satan ?
Te nous crayou tous pâdre ,
Main voici lou grand Mâtre ,
Et turlu, turlutu ,
Qu'ot pou nous daicendu.

Ce pére di mensonge
Seret grillie, chauffa ;

---

1 Matière.

Que ce peu Grinmaud songe
Ai raitraissi [1] l'Enfa ;
Y voula s'aijouchie [2],
Et trou haut se lougie,
Et turlu, turlutu,
Dans l'aibinme l'ot chu.

Ç'ot prou pala di Diale,
L'ot dedans lai prison ;
Tout lou monde lou raille,
L'ot sot coume n'oison :
Laissans-lou enraigie,
Y n'ye faut pu songie ;
Et turlu, turlutu,
Se brele, ç'ot pou lu [3].

Tounot, prend tai musette,
Jannot, prend ton flouëtot ;
Çai, dansans sur l'herbette,
Et fesans de bés toüots ;
Gauthie, prend Guillemette ;
Greguille, Porenette ;
Et turlu, turlutu,
Çai, dansans tant et pu.

Pouthans tous ai Mairie
Das dindons, das poulets,
Et de lai bargerie
Das bés aigneaux de lait ;
Chos, potenailles et raves,
Pois, nantilles et faves,
Et turlu, turlutu,
Nous n'ans ran que pou lu.

---

1 Rétrécir.—2 Se jucher.—3 S'il brûle, tant pis pour lui.

Aicoute in pouë ças filles,
Qué complot elles fant,
Le sont toutes gentilles,
Le pouthant pou l'Offant
Das pas, das chemisottes,
Bounots et bandelottes,
Et turlu, turlutu,
Das bés collots pou lu.

N'oublie pas ne caissotte [1],
Pou fare di paipet;
Se ne l'ot pas bin notte,
Vite, raicure-lai;
Se t'é de lai çarvaille,
Prend ne cuelie, n'aiquielle;
Et turlu, turlutu,
Coument lou panret-tu?

Pou fare de lai soupe,
Prend in fadhé [2] de bouë;
Lou pu foë de lai troupe
Lou mettret su son coë:
Pathans sans trop songie,
Vite faut dailougie,
Et turlu, turlutu,
Déjet, lou soulet lut.

Y fauret, mon Compare,
Panre lou bouriquet:
L'airet bin prou aiffare
De poutha lou paiquet;
Vai-t'en dans l'écurie,
Coumence ai lou chargie;

---

1 Casserolle. — 2 Fagot.

Et turlu, turlutu,
Nous ans bescoin de lu.

Passant pa las Velaiges,
Crians de tous couta :
Que tous ceux que sont saiges,
S'en venint aipoutha
Das presens pou l'Angeotte,
Qu'ot dans ste pouëre grotte;
Et turlu, turlutu,
Ca l'ot couchie tou nu.

DIX-SEPTIÈME NOEL.

AIR : Frère André disait à Grégoire.

Jannot, sça-te bin las nouvelles
Que ne venant que d'airiva?
Au moitan de ce rude hyva,
On ait vû de grandes marvoilles;
Vite, vite,
Ollans las voë promptement,
Ne retadhans pas d'in mouëment.

On dit que ne Mére pucelle
Ait fa n'offant qu'ot Houme-Duë!
Et que dedans in pouëre luë
Le l'ait mis couchie su lai peille;
Vite, vite,
Courans-y tous promptement,
Baillans-ly di soulaigement.

T'é tout fachi de raiverie,
Et ce que te songe lai neu,
Ou bin au counot de ton feu,
Te cret que ç'ot chouse aissuric;
T'é ne béte,

Demoure ici seulement,
Te n'é gare d'entendement.

N'é-te pas entendu las Anges,
Que chantint tant de *sol, fa, mi?*
Que disint : Veni mas aimis,
Voë vouëte Duë dedans das langes;
Vite, vite,
Ollans-y tous promptement
Ly beillie di soulaigement,

Coument pa las glaices et las noiges,
Se bouta dedans las chemins?
On dit que l'y ait das aissassins
Qu'ant voulu brela das Velaiges :
Maime, maime,
L'ant emmena bin das gens,
Et lieu ant pris tout lieu argent.

N'aipréhende pas las alarmes,
N'ans-nous pas de nouëbles *Grammont?*
N'eusse pas pouë que su nouës monts
Las ennemis plantint lieus armes ;
Vin sans crainte,
S'y paraissint seulement,
On las chaisseret promptement.

Lai Comté ot pouthant voisine
Das parpoillots [1] de Genevois ;
On craint même las Cenevois [2],
Ç'ot ne race qu'ot bin mailigne ;

---

1 Parpoillots, c'est le nom que l'on dunnait vulgairement dans le principe aux sectateurs de la réforme en France.
— 2 Habitants des Cévennes ; il est fait ici allusion aux Ca-
misards, secte d'illuminés qui se disaient doués de l'esprit
de prophétie et commencèrent à paraître à l'époque où
furent composés ces Noëls.

Çates, çates,
Se pa ici y venint,
Y raipandrint bin di venin.

N'aipréhende pas l'hérésie,
Un de nouës Seigneu de *Grammont*
Tairasseret tous ças Démons,
Se l'aivint pris lai fantaisie
Que de mettre
Ici lai division,
Et lai fausse Religion.

L'autre qu'ot in veillant Gendarme,
Et bin aima de nouële Roy,
Las bouteret en désaroy,
Se l'ouzint ci poutha l'ailarme;
Qu'éte ai crainre?
Pathans d'ici promptement,
Lai Lenne lut, y fa bé tems.

Te me dis toujou das vetilles,
Aisplique qu sont ças grands Monts;
Ot-ce Chaudanne ou Rousemont,
'Troë-Chaité [1], lou mont de Bregille?
Pale, pale,
Noume-las-me vitement,
Te trouble mon entendement.

Bon Duë, que t'é pouc de çarvelle!
Nous aivins ne fois ne jument
Q'aiva bin pu de jugement,
Sai mémoire éta bin pu belle,
Ca ste béte,

---

1 Le mont de Trois-Châtels, près de Besançon.

Quand quéqu'un bin l'y fesa,
Toujou le lou recounaissa.

Nouëte Illustrissime Archevêque
Ne se nomme-tu pas *Grammont?*
Monseigneu son Frére ait son nom,
Et ot Gouvanou de ste Velle :
Mon Compare,
M'entend-te presentement?
L'aivou éta ton jugement?

Ils se déterminent d'aller à la messe de minuit,
l'entendant sonner.

Jaiquema treizeille [1] Maintenne,
Y crayet que nous ferins bin,
Pou ne fare tant de chemin,
D'olla ait nouëte Maudelenne
Ai lai Messe ;
Lou bon Duë nous y voirans,
Ai genoux nous l'aidourerans.

Quand nous y serans, mon Compare,
Y faut bin pria pou lai Pa;
Héla! ne varret-elle pas,
Et voirans-nous toujou lai gare?
Triste aiffare!
Nous seune présque runna [2] :
Laivou beillerans-nous di na [3] ?

Y faut dire ai nouëte Picrotte
Que boute grillie di boudin,
Que tire ne channe [4] de vin,
Que l'ai tôble sait toute prote ;

1 Carillonne. — 2 Ruinés. — 3 Où donnérons-nous du
nez, de la tête. — 4 Mesure du pays qui tient deux pintes.

Chouse sure,
Lorsque nous en revarrans,
De fret las dents nous toquerant.

Dis-l'y que farme l'auremare [1] ;
Ca nouëte chait ot si lairon,
Que l'aitraiperet lou jambion
Qu'ot quy dedans ce plait de tare.
Gare, gare !
S'y met las griffes dedans,
Lou vouleu n'y laisseret ran.

Quand nous revarins de Maitenne,
Nous n'airins gare ai daijuëna ;
Y l'y ait bin loin jusqu'au dina,
Y fa fret ai lai Maudelenne ;
Et lai bise,
Que fa souffla dans las doigts,
Fa qu'on en ait hécouë pu soi [2].

Te songe putouë [3] ai tai pance,
Que te ne songe ai pria Duë,
Et te vint putouë dans ce luë
Pou t'empli et fare bonbance ;
Main, Compare,
Y vauret bin meu pensa
Ai mainneu de te confessa.

Lou bon Duë veut qu'ai sai naissanc
On se raijouisseusse in pouc ;
On peut bin boire quaitre couc,
Sans dire que ce quy l'ouffense ;
Maime, maime,

1 L'armoire. — 2 Soif. — 3 Pletôt.

L'Eglise parmet toujou
Qu'on mainge gras en ce saint jou.

En revenant de la Messe.

Y pensa geola ai lai Messe;
Qu'y plaignet ce pete Poupon,
Qu'ot dans n'Aitaule, ce dit-on,
Au vent, ai lai bisc, ai lai noige!
Sai misére
Nous aiprend bin ai tretous,
Combin l'ai d'aimitie pou nous.

Lorsqu'ils sont arrivés à la maison.

Nous seunes ai l'aivri de lai bisc,
Boute vitement das souchés :
Bon, le nous ai fa in toulhé [1],
Y voyet lai naipe qu'ot mise ;
Main ste lope
N'ait mis grillie lou boudin,
Ne n'ot olla tirie di vin.

DIX-HUITIÈME NOEL.

Air : Perroquet mignon, etc.

Vins vite, Jannot,
Voë das gaichenots,
Que voulant coume das pampoillots [2],
Pa dedans las nuaiges!
Y voultigeant,
Y virant,
Et passant

---

1 Gâteau. — 2 Papillons.

Pa-dessu las Velaiges :
Duë, qu'y chantant bin !
Y palant laitin..

    Laisse me dourmi,
Figue de cequy,
Que me vin-te rovouna-ci [1]?
Te mai rompt lai téte ;
Té me foi foüc
Pou lou coüc,
Dit-m'in poüe,
Me prante pou ne béte ?
Ah ! te l'é raiva,
Aivant te leva.

    Ne te rendoë pas,
Y palant de Pa
Ai ceux de boune voulonta
Que sont su lai Tare ;
Et y disant
Que n'Offant
Tout-Pussant
Veut termina lai gare,
Et vint dans l'hyva
Pou nous tous sauva.

    Tretou las Bargies
Sont déjet rangies,
Et disant qu'y nous faut songie
D'olla voë l'Angeotte,
Dans son besoin
Ai in coin
Su di foin,
Au moitan de ne grotte,

---

1 Rabâcher.

L'aipouthe lai Pa :
Quoi! n'ye vin-te pas?

Y me vé leva ;
Pouquoi dans l'hyva
Lou bon Jesu pou nou sauva
Vin-tu dans ce monde?
Pendant lou tems
Que las gens
Sont maichans,
Et tout malheu aibonde ;
Pouquoi dans lai Pa
Ne vena-tu pas?

En voiquy bin cent
Que pa-chy passant,
Las Bargéres s'en vant dansant
Au son das musettes ;
Et las Bargies,
Tous rangies,
Bin chargies,
Disant das chansounettes,
Aipouthant lieu don
Ai ce bé Poupon.

Las pouëres iunoucens
Ne seant ce qu'y fant ;
Quand l'airant poutha ai st'Offant
Mille bounes aiffares,
On l'y panret,
Lou tueret,
Et feret
Chuë lu di tintamarc :
On lou vouleret,
Et saiquaigeret.

Y l'y palera,
Et peu l'y dira
Que veneusse ey demoura
Dedans nouëte Velle ;
Elle ot munie,
Bin bâtie,
Aissurie,
Y l'y ait ne Citadelle ;
On lou lougeret,
Et lou sauveret.

DIX-NEUVIÈME NOEL.

(Composé en 1706.)

AIR : De la Guinguette.

Deux femmes ayant entendu dire dans la rue que le Messie était né à Bethléem, vont presser leurs maris qui boivent ensemble, de les y mener.

GUILLEMETTE *femme de Tonnot.*

Vous raisterins
Quaitre jous ai lai tôble,
Maingeous de bins,
Yvrougnes, saic-ai-vin ;
Sus, leva-vous ;
Veni dedans n'Aitaule
Voë in Roy tout-pussant.
Ollans, ollans, dans ce t'Aitaule ollans.

JANNOT *parlant à la femme de son Compère.*

Planta-vous quy,
Coumare, chére aimie,
Planta-vous quy,
F'gue de tout cequy,

Passans lou tems,
En fesans boune vie,
Lou vin se beille ai ran :
Bevans, chantans, et nous divathissans.

GUILLEMETTE *femme de Tonnot.*

Sus, dainipa,
Ç'ot prou rempli vouës pances,
Doubles crevas [1] ;
Quoi, troës heures ai soupa !
Mena-nous vouë
In Duë que vouës offenses
Ant réduit au néant.
Ollans, ollans, dans ce t'Aitaule ollans.

JACQUETTE *femme de Jannot.*

Y vauret meu
Farc moins de daipenses,
Que jou et neu
S'enyvra vé in feu :
Pendant qu'in Duë
Ot dedans lai souffrance,
Quoiqu'y soit Roy pussant. Ollans, etc.

TONNOT *parlant à son Compère Jannot.*

Y voyet bin
Que l'ant trinqua, Compare,
Et que lou vin
Lieu fa pala laitin :
Que le voulant
Se maula das aiffares
Et das Princes et das Rois :
Elle ant, elle ant bu di vin blanc d'Arbois.

---

1 Crevés (de vin).

JACQUETTE *femme de Jannot.*

Se vous n'aivins
Dans vouës grousses bedennes
Dé lou maitin
Emboussie [1] pu de vin,
Qu'y n'en a mis
Aujedeu dans lai mienne,
Vous varins voë c' t'Offant. Ollans, etc.

TONNOT.

Aicoutans bin,
L'ant aipris das nouvelles,
Ai ce maitin,
Au foüot [2] ou au melin ;
Ç'ot quy qu'on dit,
Compare, das marvoilles :
Nous dou nous trinquerans
Pendant, pendant qu'elles raiconterant.

JACQUETTE *femme de Tonnot.*

Lou douë au feu,
Et lou ventre ai lai tôble ;
Lou douë au feu,
Tant lou jou que lai neu,
Vous n'aicouta
Nouës discoüots, nouës pairoules,
Et n'ye comprantes ran.   Ollans, etc.

GUILLEMETTE *femme de Jannot.*

Soëthites touë [3],
Ou moi et mai Coumare
Nous vans bin toüe

---

1 Embossé, du mot bosse, tonneau qui sert à ramener la
vendange de la vigne. — 2 Four. — 3 Sortez de suite.

Vous fare in vilain coüe;
Nous jeterans
Pain, vin, cha ¹, plet pa tare,
Et peu nous sauverans.   Ollans, etc.

TONNOT *à sa femme.*

Se te lou fa,
Te vé voë in béjuë;
Se te lou fa
Maudit tison d'Enfa;
Y te rompra
Lou couë, pa lai charbuë,
Tête sans jugement;
Vai-t'en, vai-t'en, dainipe promptement.

JANNOT.

Raiconta-nous,
Sans vous mettre en coulére,
De bout en bout,
Coumare, dite-nous,
Ce qu'on vous ait
Aipris ai lai revére ²,
Nous vous aicouterans;
Pala, pala, sans tant d'empouthement.

JACQUETTE *femme de Jannnot.*

Las gens disant,
Que ne Vierge pucelle
En Bethléem
Vint de fare n'Offant
Que le nourrit
De sai chaiste maimelle :
Pouthans-ly das presens;   Ollans, etc.

---

1 Chair, viande. — 2 Rivière.

TONNOT.

Qu vous ait dit
Ste drouële de nouvelle?
Qu vous ait dit
Ce conte jaune quy?
Se pourret-tu,
Que ne Vierge pucelle
Eusse fa in Offant?
Bon Duë, Bon Duë, qué conte le nous fanl!

GUILLEMETTE *femme de Tonnot.*

On dit bin pu,
On dit que das Mounarques
Ye sont venus :
Qu l'airet jaima cru?
Et l'ybeillant
Pa lieu presens das marques
Que ç'ot in Roy pussant.   Ollans, etc.

JANNOT.

Y ne serouë
Companre ce t'aiffare,
Y ne serouë
Companre pou lou couë,
Que dans in tems
Que chaicun ait lai gare
Das Mounarques pussans,
Quittint, quittint lieu Royaume ai present.

TONNOT.

Se l'Antechrist
Vena dedans ste Velle,
Se l'Antechrist
Se disa Jesus-Christ;
Las fannes ierint

Ly ouffri das chandelles,
Aipeu l'hounourerint,
Ou bin, ou bin, elles l'aidourerint.

JANNOT.

Y seu devin,
Y voulant lai Pa fare
In bé maitin,
Et ccquy ieret bin ;
Se lou bon Duë
Lai remet su lai Tare,
Bin saiges nous serans;
Jaima, jaima nous ne l'offenserans.

GUILLEMETTE *femme de Tonnot.*

Ce Poupenot,
Ot dans enne écurie
En in counot,
Sans Paiges, sans Volots :
Das Rois y vant
L'aidoura, et Mairie
Reçoit tous lieu présens.   Ollans, etc.

JANNOT.

Pu le causant,
Moins on ye peut companre;
Pu le palant,
Pu le m'embaraissant :
Vourins-vous bin,
Coumare, nous aipanre
Ce que ç'ot que st'Offant
Qu'on dit, qu'on dit qu'ot in Roy si pussant?

JACQUETTE *femme de Jannot.*

Ç'ot lou Messie,
Que vint dessu lai Tare,

Ç'ot lou Messie,
Qu'ait daicendu di Cie :
Et qu'au péché
Vint daicliarie lai gare,
Et nous sauve en naissant.   Ollans, etc.

JANNOT.

Pouquoi teni
Dainquin [1] las gens en pounc ?
Pathans d'ici,
Sans chaigrin, sans souci ;
Lou Mésie vint,
Nouës aiffares sont bounes ;
Grinmaut [2] ne nous peut ran.
Ollans, ollans, et nous vous conduerans.

GUILLEMETTE *femme de Tonnot.*

S'on l'y poutha
Ai cete pouëre Angeotte,
In poue de cha [3],
Seret pou son soupa ;
On en feret
Enne boune soupotte
Pou lai Mére et l'Offant.   Ollans, etc.

JACQUETTE *femme de Jannot.*

N'oublians pas
Das beguins, chemisottes,
In bré, das pas ;
On dit qu'y n'y en ait pas ;
Que l'ot tout nu,

---

1 Ainsi, de cette mauière. — 2 Sobriquet que les vigue-
rons et bergers donnent souvent à Satan dans ces Noëls.—
3 Un peu de viande.

Couchie dedans ne grotte
Entre dou animaux.
Bon Duë, Bon Duë, que l'ait pou nous de maux !

Pendant leur chemin ils devisent ensemble.

TONNOT.

Maule petouë [1]
Mainge qu'en ot lai cause !
Y souhaiterouë
Qu'on lui eu rompu lou couë :
Pou in gouzé [2],
Ç'ot quy n'aitrange chouse !
Ce maulerie sarpent
Ait bin, ait bin aifantouma nouës gens.

JANNOT.

Dans ste saison,
Qu'Adam éta en vie,
Dans ste saison,
Si l'y aiva das bautons ,
Quand y voyet
De sai fanne l'envie
De maingie de ce fru ;
Pouquoi, pouquoi ne lai bautena-tu [3] ?

JACQUETTE *femme de Jannot.*

Se l'ére aivu
Aussi promt que vous l'éte,
Nous n'airins vu
Jaima lou bon JESU ;

---

1 Que le putois mange celui qui en est la cause! Sorte
d'imprécation très familière aux mêmes personnages. — Le
putois est un animal semblable à la fouine , et qui exerce ,
comme elle, de grands ravages dans les basses- cours. —
2 Bouchée , morceau. — 3 Bâtonnait-il pas.

Adam n'aiva
Vouëte fouële de tête :
Ce qu'ot fa, ot bin fa ;
St'Offant, st'Offant vint daisarma l'Enfa.

TONNOT.

Ergo ç'ot vous
Que causa sai souffrance ,
Et non pas nous,
Coumare, aivoüa-lou ;
Las poumes sont
Das fannes lai pidance
Nous, nous aimans lou vin ,
Ce jus, ce jus qu'on tire di raisin.

GUILLEMETTE.

Pa, coisie-vous,
Aicouta ste musique ,
Pa, coisie-vous,
Causeri-vous toujou?
Voites-vous pas
Cette Troupe Angélique?
Duë qu'elle chante bin !
Y cret, y cret que le pale latin.

TONNOT.

Y las voyet ,
Un juë aivoue ne flouëte ;
Ce pete-lai,
Mene lou flaijoulet ;
Et peu stu-quy
Fa vion-vion sus sai vioule ,
L'autre lé lai chanson ;
Voiquy, voiquy ne charmante moëson !

JANNOT.

Raicoudhans-nous,
Pou lie pala d'aiffares,
Raicoudhans-nous,
Et qu'un pale pou tous :
Demandans-li,
Qu'y tarmine las gares [1],
Et nous beille lai Pa ;
Hélas! hélas! ne varret-elle pas?

GUILLEMETTE *femme de Tonnot.*

Y palera
Ai saï divine Mére,
Y palera,
Et peu y lie dira :
Que le voit bin
Nouës maux et nouës miséres,
Et que sans enne pa,
Las gens, las gens serant bin entraipa.

TONNOT *à sa femme.*

Se te palouë,
Te dirouë das bétises ;
Se te palouë,
Y te romprouë lou couë,
Ca te ne dis
Jaima que das sottises ;
Las gens s'en mouquerant,
Et peu, et peu de nous y se rirant.

---

1 Les guerres auxquelles il est fait allusion si fréquemment dans le cours de ces Noëls sont celles qui désolèrent la fin du règne de Louis XIV, alors que la France avait à lutter contre les armées réunies d'Angleterre, de Hollande et d'Allemagne. Elles se terminèrent par la paix d'Utrecht en 1713.

JANNOT *parle pour eux à* JÉSUS.

Divin Offant,
Qu'éte venu su Tare,
Divin Offant,
Qu'éte in Duë tout-pussant :
Baillie lai Pa
Et finite lai gare,
Aiccepja nouës presens ;
Hélas! hélas! nous sont pouëres ai présent

TONNOT.

As grand Seigneu
On dit poüe de pairoules ;
As grand Seigneu,
On sça qu'on doit l'houneu ;
Nous nous en vans
Pou fare plaice ai d'autres,
Ca voici bin das gens.
Ollans, ollans, dans nouëte Velle ollans.

GUILLEMETTE *femme de Tonnot.*

Daime Mairie,
Y a bin das chouses ai dire,
Daime Mairie, Aicouta, y vous prie :
Tounot boit trou,
L'ot presque toujou yvre ;
S'y revint ai l'houtô,
Toujou, toujou y m'aissanne de cô.

TONNOT *la tirant pour la faire sortir.*

L'aicouta-vous,
Ç'ot ne téte de mule,
L'aicouta-vous ; Elle baibille trou :
Elle ot aita
Ai l'aicoule as Oursules,

Et le n'ait ran aipris ;
Hélas ! hélas ! elle n'ait point d'aisprit.

Aiduë vous dit ,
JESUS, JOUESET, MAIRIE ,
Aiduë vous dit, Nous faut pathi d'ici ;
Main craites-me ,
Quitta vouëte aicurie ,
Veni dans Besançon ,
Nous ans, nous ans de tra-belles moësons.

VINGTIÈME NOEL ,

En forme de dialogue entre un débauché et un dévot.

AIR : Suivons Bacchus.

LE DÉBAUCHÉ.

Vins aivouë nous, nous vans fare gougailles:
Nous ans di pain et di vin ai fouëson ;
Nous fans ripaille
Dans nouës moësons,
En aitendant enne moilloue saison ,
Et que lai Pa finisse las baitailles.

LE DÉVOT.

Mon cher aimi, te ne fa ran que veille,
De t'enyvra pendant que ton Sauveu .
Ot su lai peille
Dans las malheu,
Y t'ot venu aipoutha lou bounheu ;
Vint aivouë moi, nous varans ste marvoille.

LE DÉBAUCHÉ.

Vive lai joye, et vive l'aibondance !
Lou vin ot bon , tous nouës vaissés sont pleins;

Remplans nouës pances,
Sans aucun soin;
Lou bon Duë sa pourvoi ai nouës besoins
Quand y lou veut pa sai toute pussance.

LE DÉVOT.

Y ne veut pas pouthant qu'on en mésuse.
S'y t'ai beillie bin di pain et di vin,
Que t'en aubuse,
Y s'en souvint,
Et peu reprend tout pou in bé matin,
Quan ai goinfra tous las jous on s'aimuse.

LE DÉBAUCHÉ.

Te fa pitie aivouë tai mine blémе,
On cret toujou que te n'é ran dìna,
Que lou Coiréme
Dure n'anna :
Qu'y fa bé voë ne trougne ai rouge na !
Si quéqu'un boit, l'ait in plaisi extrême.

LE DÉVOT.

Peut-on sçaivoi qu'in Duë ot dans n'Aitaule ;
Pendant l'hyva réduit dans lou besoin?
Qu lou réchaure?
Dessu son foin,
Las animaux pu que l'houme ant de soin,
Y l'y ait in buë aivouë n'âne que baule.

LE DÉBAUCHÉ.

Qu'ot c'que te dit, explique ce langaige;
Ton compliment me rend tout intadhi,
Te n'é pas saige;
Où l'éte aipris?
Ceux que l'ant dit aivint padhu l'esprit;
Qéque croquant débite ste nouvelle.

Le Dévot.

Quoi ! n'éte pas entendu cas bés Anges
Qu'aivalhissint tous las pouëres Pasteu ,
Pa lieu louanges ,
De rendre houneu
Ai ce poupon, nouëte Libérateu ,
Couchie tout nu, san feu, sans bouë, sans langes.

Le Débauché.

Y a bin ouï qu'on mena das fanfares,
Et das offans que chantint di lailin,
Main ças aiffares
Ne me touchint ;
En ce temps-quy y tirouë di bon vin,
Mon pou [1] s'empla, et y las laissouë fare.

Le Dévot.

Se te n'aimouë pas tant lai goinfrerie,
T'airouë aipris que lou Messie ot né
Dans n'écurie,
Au fret, sans bré ,
Et que pendant que te couche en ton lé,
L'et su di foin, vé Joueset et Mairie.

Le Débauché.

Courans-y tous, et dedans nouëte Velle
Aimenans-lou dans ne grande moëson ;
L'y en ait ne belle
Su nouëte Pont ,
Main l'airet fret ce t'aimable Poupon,
Nou lou mettrans au Palais de Granvelle.

Le Dévot.

Duë souverain de lai tare et de l'onde,
Quoi ! failla-tu pou nous pouëres bannis,
Veni au monde

Dans st'état-quy,
Pou nous ouvri vouëte saint Pairaidis,
Dedans in tems où tout malheu aibonde?

LE DÉBAUCHÉ.

Remachians st'Offant; peu que lai tare
Nous ai prouëdu [1] pain et vin ai foëson,
Ç'ot boune aiffare
Dans c'te saison;
Dispouza-z'en, l'y en ai dans lai moëson,
Main pou l'argent, l'ot mai foi in pouë rare.

VINGT-UNIÈME NOEL.

AIR : Hogué lan là, lan laire, etc.

Dis-me in pouë, mon Compare,
Qué bru fa-t-on?
Pouquoi ce tintaimare
Dans nouës cantons?
On ait fa, sans doute lai Pa;
Çai, désiapa,
Chantans das chansons :
Hogué lan là, lan laire, Su de bés tons.

Te te trompe, Compare,
Te n'y és pas;
Ç'ot ne pù belle aiffare
Qu'ot airiva :
Lou Mésie, Lou mâtre di Cie
Vint nous raicheta, Et brisie nouës_fa :
Hogué lan là, etc.

---

1 Produit.

Quoi ! stu que las Prouphétes
Ant aitendu,
Pendant ças saintes Fétes   Seret venu !
Courans-y tretous promptement
Et diligemment,
Peu que dans l'hyva
Y veut nàtre en ce monde,   Pou nous sauva.

Aipelans las Bargéres,
Elles y varant;
Et dessu lai fougére   Nous danserans :
Pierot juëret son haubois,
Moi di flaijoulet,   Su lou ton de *la*
Hogué lan là, *etc.*

Dis ai Jannin qu'aipouthe
Son tobourin,
Pa lai neu de lai route
Nous nous padhrins [1] :
Tout chaicun entendant lou ton,
Allant dret au son,
Ne se toëdret [2] pas :   Hogué lan là, *etc.*

Ah, de quoi te t'aivise !
On nous panret,
Pou ne recruë de Suisses,
On nous baitret;
L'ye varret d'aiboë das Soudats
Cria : *Qui va-là,*   Et *arrête-là :*
Hogué lan là, *etc.*

Las tamboüots, las trompettes
Me daiplaisant,

---

1 Perdrions. — 2 S'égarera.

Mon haubois, mai musette
Sont pu plaisans ;
Stu, hélas!   Qu'ot couchie lai-bas;
Ne las aime pas,   L'aipouthe lai Pa,
Hogué lan là, *etc.*

Çai, dansans ne gaivotte
Aivouë Margot ;
Vite donc qu'on s'aiprotte,
Vous tadha trop :
Aicoudha su lou ton de *la*,
Vous étes trou bas,   Vous n'y varri pas :
Hogué lan là, *etc.*

Prenans-nous de ne bande
Au rondelot,
Juëte ne sarabande,   Saute, Pierot ;
T'é pairé fa in maichant couë,
T'é virie trou touë,
Et te n'y é pas :   Hogué lan là, *etc.*

O su, ç'ot prou dansie,
Pathans tretous,
Ollans vouë lou Messie
Que vint pou nous ;
Pouthans-l'y nouës pouëres presens,
Se l'y ait bin das gens,
Nous n'entrerans pas : Hogué lan là, *etc.*

Y voyet bin l'Aitaule,
Que l'ye fa bé!
Main ç'ot n'aitrange chouse,
Qu'y soit sans bré !
Y meret, sans doute, de fret,
Et y languiret
Pendant tout l'hyva ;

Çai, doipoëchans-nous vite De lou sauva.

Bon Duë, qu'éte su tarc
Pésentement ;
Vous voite que las gares
Nous aibinmant,
Beillie-nous vouëte sainte Pa ,
Et ne tadha pas ;
Nous vous en prians :
Nous seunes, hélas! si pouëres
Que nous n'ans ran.

VINGT-DEUXIÈME NOEL.

AIR : N'oubliez pas votre houlette.

On m'ait dit ne bonne nouvelle,
            Si belle,
Qu'y en a lou cœu joyou ;
Las Anges ant chanta qu'en ce jou
Lou Messie nait de ne Pucelle :
On m'ait dit ne boune nouvelle,
            Si belle,
Qu'y en a lou cœu joyou.

Adam aiva fa ne fouëlie ,
            Lou Cie
Éta pou nous farma ;
Lou bon JESU s'ot daisarma ,
Et vint nous rebeillie [1]
            Lai vie :
Adam aiva fa, etc.

---

[1] Rendre.

Qué pensée aiva st'éfraiable
De Diable,
En saidusant ¹ Adam?
Y s'en moë ² aujedeu las dents,
Et l'ot pou toujou miserable :
Qué pensée aiva, *etc.*

L'aiva envie de nous tous padhre ;
Lou Mâtre,
Qu'ot né dans ce bas luë,
Qu'ot nouële Seigneu, nouële Duë,
L'ai bin envie ³ chauffa au plâtre :
L'aiva envie, *etc.*

Eve, t'aivoüe ne foüele téte,
Ste béte
T'aiva aifantouma ⁴ ;
Y te voula pou tout jaima
Bouta dans in luë de misére :
Eve t'aivoüe, *etc.*

Y me lou semble voë qu'enraige
En caige
Aivoüe sas Dialoutins,
De ce que nouële Sauveu vint
Pou nous délivra d'esclaivaige :
Y me lou semble, *etc.*

Y nous crayia dedans sas griffes,
Ce pifre
Main l'ot bin aitraipa,
Lou bon JESU ne lou veut pas ;
Pa sai venuë y nous dailivre :
Y nous craiya, *etc.*

---

1 Séduisant. — 2 Mord. — 3 Envoyé. 4 Enfantômé, fa-
cinée, séduite.

On nous ait chaissic d'in pathare,
Ne tare
Où tout bin aibonda ;
Las éléments se sont banda [1],
Et nous ant toujou fa lai gare :
On nous ait chaissie, *etc*.

Main stu que grille en ot lai cause,
Y n'ause
Paraître en ce moument,
Y n'ait pas fret, aissuriement ;
Ne jou ne neu y ne repouëse :
Main stu que grille, *etc*.

L'airct voulu que dans las flâmes
Nouës âmes
Endurint das tourmens,
Ç'airct éta son consentement,
De nous voè tretous misérables :
L'airct voulu , *etc*.

Main, maudit pére di mensonge,
Te songe,
Qnand te cret nous aivoi ;
Voici, voici in divin Roy
Qu'en Enfa de nouvé te plonge :
Main, maudit pére, *etc*.

Ç'ot prou pala de ste béte,
Lai téte
L'y fa déjet prou mau ;
Laissans quy ce maudit Grinmau,
Que vaut pére [2] que lai tempéte :
Ç'ot prou pala, *etc*.

---

1 Ligués contre nous — 2 Pis.

Ollans-nous-en dans cete Aitaule,
      Nicole,
Mouquans-nous das Démons,
Y tremblant tous ai son saint nom;
Se te las craint, t'é enne foüele :
Ollans-nous-en, *etc.*

   Coument soëthi de ce velaige?
      Lai noige
Nous en empoëcheret,
Ai chaique pas on lourgeret [1];
Embourba nouës dons, ç'ot doumaige;
Coument soëthi de ce velaige? *etc.*

   Laissans nouës moutons dans lai plaine
      Sans crainte,
Nouës chins las gadherant;
L'ant de bons coulies [2], bounes dents;
S'in loup vint, l'airet la baiquaine [3] :
Laissans nouës moutons, *etc.*

   Las loups ne fant pas las raivaiges,
      Cairnaiges
Que fant tous las Soudats;
Moutons, couchons n'épargnant pas,
Et l'en fesant de gras poutaiges :
Las loups ne fant, *etc.*

   Y ne faut pas pendant lai gare,
      Compare,
Aibandena l'houtô;
Lou bon Duë counet bin nouës maux :
Y voit ce que nous pouvans fare :
Y ne faut pas, *etc.*

---

1 Glissera. — 2 Colliers. — 3 Sera bien attrapé.

Demeurans putoüe [1] ai l'aissoute [2],
    Ste route
Ot bin longue ai teni;
Lai Palestine ot loin d'ici,
On nous escroqueret sans doute :
Demourans putoüe, *etc.*

  Ollans pria Duë ai l'Eglise,
        Denise
Gadheret lai moëson.
Laissans-lai aupré das tisons,
Nous trouverans lai tôble mise;
Ollans pria Duë ai l'Eglise,
        Denise
Gadheret lai moëson.

  Boute queure das cairbounades,
        Grillades,
N'oublic pas di boudin;
Tire ne channe de bon vin,
L'y en ait ai foëson dans ƒnouës caves :
Boute queure das cairbounades,
        Grillades,
N'oublic pas di boudin.

  Se ce n'éta que nouëte Velle
        Si belle,
Ot pleine de Soudats
Que couvant nouëte feu l'hyva,
Chaicun s'en iere ai lai Grand-Messe.
Si ce n'éta que nouëte Velle,
        Si belle,
Ot pleine de Soudats.

1 Plutôt. — 2 A l'abri.

De pouë de dourmi vé las cenres,
Vait panre
In Noüé de Gauthie;
Chantans-lou, y l'aicheté hic:
L'ot drouële, y veux pa cœu l'aipanre,
De pouë de dourmi vé las cenres,
Vait panre
In Noüé de Gauthie.

VINGT-TROIZIÈME NOEL.

Air : Sont les filles de l'Opéra.

Les Bourgeois de la Ville de Besançon, ayant entendu raconter que le Messie était né dans une pauvre Etable abandonnée, vont pour l'y adorer et en même temps la rétablir.

Pathans vite de Besançon,
Nous qu'ans tous das Meties;
Dansans et disans das chansons,
Las Bargies varant ai nouës sons,
Pou voë ce grand Mésie,
Qu'ot dans lai pu pouëre moëson
Que sait desou lou Cie.

Que las gens de Proufession
Se rangint de ne bande;
Chaicun ait boune intention,
Tous ant bin de l'invention,
Et pouthant lieu ouffrandes :
Çai, qu'on se mette en action,
Ne courva on demande.

Y faut poutha tous nouës utils,
Pou raillüe son Aitaule;

Quéques voitures de lambris,
Pou lou mettre in pouë ai l'aivri;
Que s'y vena ai plioure [1],
Ceux qu'ye sont étant tous peris [2],
Y geoleret de l'ouëre.

LES OUVRIERS *parlant à Saint Joseph.*

Nous seunes das gens de metie
Que venant voë l'Aitaule,
Où ot né lou Mâtre di Cie,
Et ce Poupon ot lou Mésie;
On dit que tout y craule [3];
Y lai faut donc raipataissie :
Çai, ç'ot prou de pairouëles.

Sire Jouesct, permetta-nous
De voë st'aimable Angeotte,
De l'aidoura ai dou genoux,
Nous seunes exprés venu vé vous
Dans vouëte pouëre grotte;
Et lou moinre ouvrie d'entre nous,
De bin fare s'aiprote.

SAINT JOSEPH.

Entrez-y tous en sûreté,
Pour vous il vient de naître;
C'est pour vous mettre en liberté,
Et ôter de captivité,
Que pauvre il veut paraître ;
Sans doute vous reconnaîtrez
Votre Sauveur et Maître.

GOLENOT.

Y vourouë que vous l'y disin,

---

1 Pleuvoir. — 2 Pourris. — 3 Tombe en ruines.

Que boute en pa lai Tare;
N'y airct-tu jaima bout ne fin?
On n'entend que das toquecin,
Tous las Rois sont en gare [1] :
Y a pouë pou vous qu'in bé maitin
Vous n'eussins quéque aiffare.

ças gens sont tous de Besançon,
Et Bourgeois de ne Velle,
Où l'y ait de belles moësons :
Venis-y, ca ste Nation
Ot contre vous rebelle;
Main y sera pou caution
Qu'on vous seret fidelle.

MONSIEUR L'AVOCAT.

Je vous reconnais, mon Seigneur,
Pour le Maître du monde,
Pour mon Dieu et mon Sauveur;
Vous êtes mon Libérateur :
Le Ciel, la Terre et l'Onde
Publient assez votre grandeur,
Quoique l'Enfer en gronde.

GOLENOT.

Sire Joueset, ç'ot n'Aivouca,
L'ant tous de l'ailoüquence,
On en fa bin chuë nous di ca;
Se vous las entendins pala,
Plédant ai l'Audience,
Vous resterins tout aitouna
De lieu grande science.

---

1 Voyez la note 2 du 10e Noël, page 95.

MESSIEURS LES MÉDECINS.

Seigneur, nous vous venons offrir
Nos savoirs, nos sciences ;
De cet endroit il faut sortir ,
Si le froid vient à vous saisir .
Nous faisons conscience
De vous laisser ainsi mourir ;
C'est là notre ordonnance.

GOLENOT.

Ceux que suivant tous ças Douteu
Sont de lai Medecine,
Las premie sont Chirurgiens,
Las daries das Pharmaciens,
L'ant tout tra-boune minne ;
Main, Duë nous gadhe de lieu mains ,
De lieu barbes et raicines !

Les Arts et Métiers viennent ensuite, introduits par le
gaillard Golenot, qui prétend que sa profession étant
la plus ancienne , il doit avoir le pas.

GOLENOT , Vigneron.

Lou Père Noüé, bon offant ,
Plantet l'ai nouëble veigne,
Y fesa tout coume nous fans ;
Lou pas su las Metie nous ans [1]

---

[1] La haute estime que *Golenot* témoigne ici pour la profession
de vigneron et le droit de préséance qu'il lui accorde sans façon
sur les métiers de toute espèce, n'est point exclusivement fondée
sur l'excellence incontestable des produits de l'industrie vinicole.
Pour mieux apprécie la nature de ses dispositions à cet égard, il
est indispensable de se reporter à l'époque où les citoyens d'*A-
rènes*, de*Battant* et de *Charmont*, divisés en trois bannières (la
ville entière n'en comptait que sept) prenaient une part active à
l'administration locale, fournissaient à la cité six gouverneurs,
quatorze notables et jouaient un rôle important dans toutes les

En Comté, en Espaigne,
Et las bé premie nous marchans,
Même dans l'Ollemaigne.

Nous venans ci di bon maitin
Vous poutha nouës ouffrandes ;
Se vous éte besoin de vin,
Vous en airi, nous en ans bin ;
Nouës cuves larges et grandes
Lou conteni tout ne pouvint,
Ne nouës vaissés de bande.

Nous voudrions vous faire un présent,
Mais, mon Sauveur, on n'ose,
C'est un petit grelot d'argent ;
Nous sommes à présent pauvres gens,
Vous en savez la cause,
Pendant les malheurs d'à présent,
Nous faisons peu de chose.

Ceux que venant molin-molot [1],
Ç'ot das gens di commerce;
L'un pouthe di drait de Marot,
L'autre in manté de caimelot ;
L'indienne de Perse
Se trouve dedans lieu balot,
L'aipréhendant sans cesse.

Non, jamais le rare pinceau
De ce savant Appelle

---

transactions politiques de la province. Le souvenir des glorieux privilèges accordés à leurs aïeux donnait encore aux vignerons contemporains de François GAUTHIER un vif sentiment de l'importance sociale de leur corporation, de leur dignité perssonnelle, et ainsi s'explique ce ton de familiarité, parfois même de supériorité dédaigneuse dans leurs rapports avec les plus hauts personnages (voir le 9e *Noël*) qui n'est pas l'un des traits les moins piquants de l'esprit observateur dont chacune des pièces de ce Recueil orte l'empreinte. — 2 Pêle-mêle.

N'eût pu rien peindre de si beau :
Le Sculpteur, avec son ciseau,
N'approchera pas celle
Qui est près de votre berceau :
Ah, mon Dieu, qu'elle est belle !

Golenot veut qu'on se dépêche de faire son compliment
et qu'on raccommode pronptement l'Etable.

GOLENOT.

Y fauret pu de quaitre jous,
S'on veut tous las entendre ;
Daipoëchie, et passa toujous,
Ca ceux-quy que sont darie vous,
Tous rangies de ne bande,
Voulant traiveillie aivoüe nous ;
Que l'un souëthe et l'autre entre.

Voici in Màtre qu'ot sçaivant,
Qu'on aipelle Architecte,
Tous sas manouvries lou suivant ;
L'ait déjet fa in jouli plan,
L'Aitaule y veut aibaitre,
Y feret in Palais bin grand,
Pou lou bon JESU mettre.

SAINT JOSEPH.

L'Enfant n'aime pas les grandeurs ;
Il naît dans une Etable,
Pour marquer que les vains honneurs
Et les palais des Empereurs
Lui sont désagréables :
La pauvreté fait son bonheur,
Jésus la trouve aimable.

GOLENOT.

Y faut du moins raipetaissie

Ste maulerouse [1] Aitaule;
Nous ans ici das menusics,
Das toitots, maiçons, charpenties,
Et voici das aissoles [2];
Vite, y nous faut bin daipoëchie,
Ca voiquy qu'y vait plioure.

GOLENOT *parlant à Saint Joseph.*

Ças gens ant boune intention,
Traicie-lieu lai besougne;
Vous scate lai proufession,
Y sont remplis d'invention,
L'ant bons brets, boune trougne :
Çai, qu'on las mette en action,
Nun de lieu ne refrougne.

Voici que pou lou farement
Vant fare vouëte ouvraige,
Y travaillerant foèthement,
Et même bin déligemment :
Sire Joueset, couraige;
Dans poue de jous ce bâtiment
Airet pu de n'etaige.

Voici vos petegnots [3] volots [4],
Disint las teillandics,
Nous railluerans vouèle volot [5],
Et lou fa de vouëte raibot ;
Nous ans de bon aicie,
Qu'ot bin fin, bin dieu [6] et bin not [7];
Y lou faut raicirie [8].

---

1 Misérable. — 2 Bardeaux, planchettes qui servent à couvrir les maisons. (Ce que l'on appelle vulgairement tavaillons dans notre pays.)—3 Petits.—4 Valets—5 Volet. — 6 Dur.—7 Net, poli.—8 Retremper (le fer du rabot).

Las airmuries voulint entra,
Pou l'y ouffri das armes,
Main saint Joueset ne voulet pas,
Disant, qu'y n'aima que lai Pa :
Las troubles et las ailarmes,
Ce Poupon n'aicoümodant pas :
Lai Pa toujou lou charme.

Entente-vous cas mairéchaux
Fraipa su lieu enclume?
Y disant tretou qu'y lieu faut,
Baitre lou fa quand l'ot bin chaud,
Et que chouse tra-sûre,
Y guerirant tous las chevaux,
Hormis ceux qu'ant lai rhume.

Y vant fourgie quaitre bons fas
Pou refara [1] vouële âne;
En voiquy déjet dou de fa,
Y coumencint ai l'y pouesa,
Main n'ye prenant pas gadhe,
Aivouë in cliou y l'ant piqua,
L'ant aivu ne ruade.

Las clouties qui sont tous en rond
Autoüot de lieute forge,
Fant das pointes pou las chevrons,
Lou mâtre aivouë sas compaignons,
De toute soëthe en borge [2] :
Lou feu, lai bise en sta saison
Lieu fant soichie lai gorge.

Ceux-ci sont das pouties d'aitain.

---

1 Referrer. — 2 Fabrique.

Que pouthant lieute aiffare ;
Vouëte mainnaige en ait beso
Y lieu en faut laissie lou soin ,
Et peu las laissie fare ;
Ai l'aiveni vous n'airi point
De vaisselle de tare.

Las routisseus, las boulangie
Se mirent de ne bande,
Aivouë las mâtres patissies ;
Y pouthint dedans das penies
Das patés et das viandes,
Pou Saint Joueset et Mairie,
Qu'étint das pu friandes.

Ceux-ci traivaillant au bonbon ,
Fant de lai pâte d'orge,
Das confitures de citron ,
L'en aipouthant pou ce Poupon ;
Maime las chaites gorges
En maingeant, lou trouvant tra-bon ;
Tous las jous on en borge.

Vouëte chaipé, Sire Joueset,
N'ait pas trou boune minne ;
Baillie-lou, on lou raillüeret,
Ou in nouë ¹ on vous bailleret
De boune laine finne,
Dont lai teinture durcret ;
On en fa grande estime.

On vous vait fare in coquema ²,
Lai-bas dans ste loge ,
Et peu ne marmite aitaima ³ ;

---

1 Neuf. — 2 Coquemar, pot de terre ou de métal à une seule anse. — 3 Etamée.

Main n'olla pas lieu demanda
Ce qu'ait souna lou reloge,
Y vous envierint proumena,
Ca sans cesse ou ye forge.

Sire Joueset, ç'ot das taillou,
Que venant voë lieu Duë;
Di drait y n'en prenant pas ftrou,
Que si l'y en reste quéque bout,
Y vourint qu'on las tuë,
S'y ne lou mettint pas tretou
Dans l'œuille ou dans lai' ruë.

Voici las Mâtres Coudannies
Que vant panre mesure,
Pou vous fare de bon soulies,
Que ne vous casserant pas las pies;
Y fant bin lai chaussure,
Y vous mettrant, chouse aissurie,
Di çüe que long-tems dure.

Aipré lieu vint in Saivetie
Que pouthe sai boutiele,
Son crepin et son tirepie,
Son tranchet, sai selle ai troës pies,
Et méme sai menicle [1],
Et peu dans ne caige ne pic
Que pale et que chifle [2].

Y seu lou grand réparateu
De lai chaussure humaine,
Y venet voë nouëte Sauveu;
Encoüot qu'y seu pouëre, y seu sieu
Que mai race ot ancienne;

---

1 Voyez la note 2 du 13ᵉ Noël, page 50. — 2 Siffle.

Y fera fête ai son bouneu
Las Lundis das semaines.

Quoique las gens disint de moi
Y a toujou de lai presse;
On me baille lou fil au poi [1],
Y n'en scrouë voula in poi [2]
Sans qu'on lou recounoisse,
Et sans lai couële quéquefois,
Ç'ot fa de mon aidresse.

Voite-vous ce Gaigne-petit,
Que mene sai broüotte?
Y ne manque pas d'opétit,
Y raiguseret vos utis,
Sai meule ot toute prote;
Y vint voë voücte aimable Fils
Couchie dans cete grotte.

Ce pouëre houme me disa hie,
En palant de lai gare,
Que l'aiva in maichant metie,
Qu'y raigusa pou troë denie,
Parce que l'argent ot rare;
Main qu'y beva ai bon marchie,
Et se tira d'aiffare.

Qui ot stuquy que crie pa lai-bas,
Aivouë sai grande gole [5]:
Ramonez-ci, ramonez-là
La cheminée du haut en bas?
Que ce pouëre houme ot drole!
Y n'y ait point de chemena

---

1 Poids. — 2 Poil. — 5 Gueule, gosier.

Dans vouële pouëre Ailaule.

Nous ans ci aidrossic nouës pas,
Et seunes tous de bande
Venu pou obteni lai Pa :
Ah! ne l'aicoudheri-vous pas
Ai nouële humble demande?
S'on bouta tous las armes ai bas,
Que lai joye seret grande!

Vous sçate bin, vous voite aitou
Qué maux causant las gares ;
On tue, brele, et pille pa-tout,
Las Prouvinces de bout en bout
Sont renvacha [1] pa tare ;
Aimable Jesu, c'en ot prou,
Calma ças tintaimaires.

Vous nous varri tous aimanda [2],
Et vivre en houmes saiges ;
Nouës peichés l'aivint mérita,
Main nous seunes aita prou fouetta,
Et nous padherins couraige,
Se lai gare continua
Enne anna daivantaige.

Sire Jouesel, recoumanda
Ai Jesu nouële aiffare.
On ne sça ou beillie di na,
Coument gaignie pou son dina,
Ca l'argent ot si rare,
Que nun ne peut nous aicheta
Lou vin de nouële cave.

---

1 Renversées. — 2 Amendés, corrigés, convertis.

Vous scrins prou bin aivrechie [1],
S'y n'y entra point d'ouëre ;|
Vai-t'en promptement chüe Gauthie
Queri in bon qué [2] de paipie,
Aivouë in pouë de couële ;
Y n'en panret, chouse aissurie,
Pas seulement n'obouële.

VINGT-QUATRIÈME NOEL.

AIR : Savez-vous quelle est cette belle, pour qui mon
cœur est si fidèle ?

*Tonnot, homme chagrin et mélancolique, va se consoler
auprès de son Compère Golenot, et lui raconte les
maux qu'il prétend que la guerre lui fait souffrir,
qu'il veut quitter la Frauce, etc. Golenot le console
et lui représente de si bonnes raisons qu'il l'en dissuade.*

TONNOT *mélancolique.*

Y m'en vai quitta nouëte tare,
L'y ait trou long-tems que l'ot en garc,
Y pathet pou Bethléem ;
Ca on m'ait dit que l'ye éta né in Prince
Pu veille que Mathusalem,
Tou pa-lai vé Jérusalem,
Qu'on ait lai Pa,
Qu'on ait lai Pa dans ste Prouvince.

GOLENOT *gaillard.*

Te ferouë rire nouëte tronche [3] ;
Raive-te, ou bin se te songe ?

---

1 Abrité.—2 Cahier.—3 Grosse bûche pour feu de cuisine.

Pense in pou ai ce que te fa ;
Jérusalem ot pa vé lai Turquie ;
Ças gens sont das tisons d'Enfa ,
Que te mettrant dedans las fa ,
Et te ferant,
Et te ferant das barbaries.

TONNOT.

Y vourouë que lai moë me prenne ,
Ou bin que ne fievre quathaine [1]
Boute fin ai mas grands traivaux ,
Y a tous las jous doues heures lai migraine,
Quand y raivet ai tous mas maux :
Ceux das forçats, das aiuimaux
N'égalant pas,
N'égalant pas toutes mas peines.

GOLENOT.

T'é pairé in drouële de Sire !
Y ne sçai ce que te veux dire ;
T'é di pain, di vin ai foëson [2];
Vourò-te aivoi in Royaume ou n'Empire?
Que manque-tu dans tai moëson?
Peut-on enne moillouë saison ?
Et cependant,
Et cependant ton cœu soupire.

TONNOT.

Y sçai prou qu'on ait l'aibondance,
Qu'on peut tra-bin rempli sai pance,

---

1 Fièvre quartaine , ou quarte; fièvre intermittente qui
laisse au malade deux jours d'intervalle. — Le nom de cette
maladie , très fort appréhendée de nos bons aïeux, se retrouve dans quelques formules imprécatives de leur époque.
« Vos fièvres quartaines — Vos fortes fièvres quartaines !
« etc. » — 2 A foison, ei abondance.

Et qu'on ait tout ai bon marchie,
Se ce n'éta qu'on trouve lai pidance
Ce me semble in pouë trou chie,
On n'airet regret de sai vie,
Et tout chaicun,
Et tout chaicun feret bonbance.

Golenot le convie, pour se déchagriner, de boire un
coup de vin nouveau.

Ton chaigrin, lai mélançoulie,
Sont, ce me semble, ne fouëlie,
Y pregnet lou tems té qu'y vint;
T'aimasseré ne boune molaidie ;
Golenot ot in pouë devin :
Boi, cret-me, de nouële bon vin,
Et quitte-me,
Et quitte-me ste fantaisie.

Il commande à sa femme de leur tirer du vin.

Leva-vous Daime Golenotte,
Bouta ne sarviotte bin notte,
Et tirie ne channe de vin ;
Fate di feu, teni lai tôble prote ;
Qu'on grille in bon trou [1] de boudin ;
Nouëte Compare ot tout chaigrin,
Régalans-lou,
Régalans-lou, çai, qu'on s'aiprote.

Etant à table, Golenot le prie de vouloir lui expliquer
ce qu'il a dit en entrant.

Ai propos, Tounot mon compare,
Vous aivins entama n'aiffare

---

1 Tronçon, morceau.

En entrant, qu'on ne comprend pas ;
Vous éte dit que vous quittins ste tare,
Que ne Prouvince éta en Pa ,
Où vous ollins drossie ¹ vouës pas ;
Raiconta-nous,
Raiconta-nous ste belle aiffare.

TONNOT *mélancolique.*

Cher aimi, y vai te l'aipanre,
Main, pouré-te bin lou companre?
Ton Sauveu dans n'Aitaule ot né ;
Ce pouëre Offant délicat, jeune et tanre,
Ot quy couchie sans feu, sans bré,
Sans azemens ² meubles, ne lé ;
Dans sai moëson ,
Dans sai moëson n'y ait ran ai panre.

La femme de Golenot craint qu'il se trouble, et dit tout
bas à son mari :

Qu'y plaignet ce pouëre Compare !
Ai-tu quéque meichante aiffare ,
Ou di moins n'aisignation?
Dans ce tems-ci que l'argent ot si rare,
On l'y ait borgie quéque action ;
Lai crainte d'être en ne prison ;
Pouret bin-touë,
Pouret bin-touë lou mettre en tare.

GOLENOT *à sa femme.*

Coise-te, Daime Golenote ,
Songe putouë ai tai filote ,
Que nous vin-te ici lantana?

---

1 Adresser, diriger. — 2 En termes du pays, AISEMENT,
ustensile quelconque, de cuisine principalement.

Pou trou pala tai langue ot toujou prote,
Te veux pa tout mettre ton na,
Te baibille ai toë ai traiva,
En bon patois,
En bon patois, t'é ne sotte.

Tonnot.

Y ne peux boire ne maingie;
Au soi y m'en ollé couchie
Sans soupa dans mon lé bin fret,
Considerant que Jesu et Mairie
Sont desou in maulerie toit,
Ce qui me met au désespoi,
Y ne m'en chaut,
Y ne m'en chaut;
Y ne m'en chaut pu de lai vie [1].

Ah! mon Duë, que nous sons blamables!
Das ainimaux iraisounables
Vous sarvant dans vouëte besoin;
L'âne et lou buë de raison incaipaibles,
Vous connoissant su vouëte foin;
Las houmes n'ant pas tant de soin;
Hélas! qu'y sont,
Hélas! qu'y sont bin miserables.

Golenot.

Téte-non, (ce n'ot pas jurie),
Y comprenet, chouse aissurie,
Que te veux pala di Mésie;
Y a in pouë vu lou Prouphéte Isaïe,
Que dans son *chaipitre premie*,
Verset troë, y lou lisouë hie,
Lou dit dedans,

---

[1] Je ne tiens plus à la vie. (Voir la note 4 du t. noël, p. 25.

Lou dit dedans sai Prouphétie.

Main bin loin que te t'en chaigrine,
Te devrouë teni boune mine,
Farc voë que t'é bin joyou :
Ah! n'ye vais pas, ç'ot vé lai Palestine ;
Y l'y en ai bin d'autres que nous,
Qu'ant soin de consarva sas jous,
Et qu'en ferant,
Et qu'en ferant bin de l'estime.

TONNOT.

Tant de maux qu'on ait dans ste gare,
Tant de bru, tant de tintaimare
M'obligeant de quitta tretout ;
Coument pouvoi se bin tirie d'aiffare?
Ne varet-on jaima de bout?
Di moins s'on disa, c'en ot prou,
On vait bouta,
On vait bouta en pa lai tare.

GOLENOT.

Tin-te ici, compare, y t'en aissure,
Que pathou las picres sont dures,
Et pathou ón ait prou de maux,
En tous pays las montaignes sont rudes,
Y n'y ait ran té que son houtô ;
T'é di froument, di vin, di bô,
Et cependant,
Et cependant Tounot murmure.

TONNOT.

L'ot bin vra qu'y fa prou bon vivre,
Et que pou poue ¹ n'houme s'enyvre,

---

1 Pour peu de chose, à bon marché.

Main cequy ç'ot toujou tampé [1] ;
Ca, quand l'ait bu et ot plein coume in piphre [2] ,
Au lüc d'olla dret en son lé,
Y ché [3], et se beille in sambé [4] :
De ças gens-quy,
De ças gens-quy Duë nous dailivre !

Se dedans mon pouëre mennaige
Y pouvouë maingie mon poutaige
En repouë, y scrouë content :
Main, quéquefois mai fanne peste, enraige ,
Y n'a pas in jou de bon tems ;
Mas offans jou et ncu braillant,
En las fouetant ,
En las fouetant, y las fa saiges.

GOLENOT.

T'ai moëson n'ot pairé pas seule ,
Que se lai nouëtre ouvre sai gueule ,
Y faut bin s'oula de devant ;
Elle injurie das fois sai chambelére ;
Elle tope noües pouëres offants,
Que ne bin, ne mau ne l'y fant ,
Aipeu le ché [5],
Aipeu le ché di mau de mére [6].

Quéquefois pou ne hagatelle,
Pou n'aivoi raicurie n'aiquielle [7],
Tout in jou le se quairellant ;
Elles me rompant lai téte et lai çarvelle,
Quand ai braillie le se prenant,
Toutes doues ai lai fois palant ;

---

1 Tant pis.—2 Goinfre.—3 Il tombe.—4 Un rude coup.
—5 Elle tombe. — 6 Mal de mére. — Soupirs, gémisse-
ments, cris, larmes , etc. — 7 Une écuelle.

Y ne seroüë,
Y ne seroüë voë lieu querelle.

   Aichevans, Tounot, nouëte pinte,
Y entendet ne cliouche que tinte;
Ç'ot menneu, s'y ne me seu trompa,
Ollans-nous-en tous dou ai lai Grand-Messe :
Vous, fanne, y fauret vous gadha;
Ca nous ans ici das Soudats,
Qu'en se chaufant,
Qu'en se chaufant, femant sans cesse.

VINGT-CINQUIÈME NOEL.

Air : Un Dieu dans une Étable entre deux animaux, etc.

Deux Commères s'entretenant de la naissance d'un grand
Prince, l'une entend parler du Messie, et l'autre de
celle du Fils du Roi d'Espagne [1], *le Prince des As-*
turies, né le 25 août 1707.

JEANNOTTE.

   Bonjou, daime Pierotte,
Veni-vous voë st'Offant
Qu'ot dedans enne grotte;
Nu, pouëre et languissant,
Couchie dans in coin
Dessu di foin,
Ste pouëre Angeotte
Ot dans lou besoin ;
D'en aivoi soin
Chaicun s'aiprote,
Et vet poutha son don
Ai ce jouli Poupon.

1 Philippe V.

PIEROTTE.

Vous éte envie de rire,
Et vous mouqua de moi;
Y a bin entendu dire
Que l'y éta né in Roy;
Lou Pére ai st'Offant
Ot bin pussant,
Et l'ait das tares
Jusqu'en Orient,
Tout ot riant
Dans sas pathares;
Coument donc se peut-tu
Qu'y sait couchie tout nu?

JEANNOTTE.

Hélas ! daime Pierotte,
On m'ait dit qu'y n'ait pas
Ne pouëre chemisotte,
Que l'ot sans bré, sans pas,
Et que l'ot couchie
Dans n'aicurie,
Ou ne covane [1],
JOUESET et MAIRIE
Y sont lougie,
In buë et n'âne
Fant tout lien pouëre train,
Et lieu pete moyen.

PIEROTTE.

Y ne sçai pas, coumare,
Qué conte te me fa,
Te pale de n'aiffare

1 Caverne.

Qu'y ne comprenet pas :
Quoi ! lou Fils d'in Roy
Réduit se voit
Dedans n'Aitaule !
Dans ce pouëre luë,
In sale buë
N'âne que baule
L'y tenant compaignie !
Vai, vai, te l'é songie.

PIEROTTE.

Te raivaisse, sans doute,
Et ne sça que te dit,
Te me lai baille boune,
On voit bin que te rit :
Ce pete Poupou,
Ç'ot in Bourbon,
Bin-touë lai gare
Finiret, dit-on,
Dans ce canton,
Et nouëte lare
Jouiret de lai Pa ;
Quoi ! ne m'entente pas ?

L'Espaigne et peu lai France
Pou ste naissance ant fa
Grande raijouissance,
Et feu de tout couta,
Tant dedans Pairis
Coume ai Maidrit ;
Chaicun s'empresse,
Et chaicun y rit :
Las gens d'aisprit
Disant sans cesse
Qu'en repouë nous serans,

Et lai Pa nous airans.

JEANNOTTE.

Y t'entendet, coumare,
Main te ne sça donc pas
Ne belle et bounc aiffare
De ste neu airiva?
L'Offant qu'ot venu
Tout mare-nù,
Ç'ot nouëte Pére ;
Y nous vint outa
Et nous bouta
Hors de misére,
Y beilleret lai Pa,
Main ne l'offensans pas.

PIEROTTE.

Si ce n'ot lou Mésie,
Y padhet mon laitin,
Qu'ot daicendu di Cie
Pou mettre ai nouës maux fin ;
S'y pouvouë olla,
Et l'y poutha
Tout mon mennaige,
Meubles, pain, vin, la,
Di buë sola [1]
Pou son poutaige ;
Ah ! y ne plainrouë pas,
Mai coumare, mas pas.

Vous éte mon aimie ;
Peu que vous voula voë
Ce t'émable Mésie,

---

1 Bœuf salé.

Pourvu qu'y ne sait moë,
Vous l'y poutheri,
Et beilleri,
Mai pouëre oufrande ;
Qu'y a lou cœu mairi !
Sans mon mairi
Le seret grande ;
Ca y l'y beilleroüe
Tout lou bin qu'y pourroüe.

Dite-l'y que lai gare
Nous cause bin das maux,
Que boute en Pa lai Tare,
Et que tous nouës traivaux
Dans pouë finissint,
Que nous eussins
Lai Pa su Tare ;
Que stu que vouret,
Ou bin feret di tintaimare,
Ce seret lai raison
Qu'on lou mette en prison.

GUILLEMETTE *servante de Pierotte.*

Ah ! mai chere Mâtrosse,
Laissie-me lou poutha,
Y a pairé pou d'aidrosse [1]
Pou vouës raisons conta ;
Y fa bé chemin,
Et lou maitin.
Lai tare ot dure ;
Y ne craignet pas
Pou lu mas pas,   Ne lai fraidure ;

---

[1] Adresse.

Et las feuilles di bô
Ne me ferant pas pô [1].

PIEROTTE, *Maîtresse de Guillemette.*

Vai, te n'é que ne foële,
Te ne sça que te dit,
Sçate bin que l'Aitaule
Ot éloignie d'ici
De pu de cent lüe,   Et que ce luë
Ot en Turquie
Tou pa-lai lai lai bas,   Devé lai ma?
Ç'ot ne fouëlie
Que de craire y olla,
Sans qu'on feusse voula [2].

GUILLEMETTE.

On dit dans nouëte Velle,
Que tout y ot charmant,
Que lai Mére ot si belle,
Et que st'aimable Offant
Ressemble in Souleil,   Et qu'in pareil
N'ot su lai Tare;
Çates, y lou varra,   Ou ne pourra,
Figue das gare!
Mai Mâtrosse songie
De me beillie congie.

On dit que das Mounarques
Sont venus de bin loin,
L'y aipoutha das marques
Qu'y prenant de lu soin;
Qu'y recounaissant   Et confessant
Que lieu prouvinces

---

1 Peur. — 2 Volé.

Sont entre sas mains,   Que das humains
L'ot Duë et Prince ;
Et qu'y pouthant tous troë,
L'Encent, lai Mirhe et l'Oë.

PIEROTTE.

Ho! dit toujou, fanfare,
Non, y ne lou veut pas ;
Se t'y vé, te n'é qu'ai fare
Ton paiquet, dainipa ;
Pran tas coutillons,   Tous tas aillons [1]:
Vai-t'en au plâtre ;
Vai-t'en chambrillon,   Double toüillon [2],
Charchie in mâtre :
Te ne seré demain
Pas, sans doute, ai mon pain.

GUILLEMETTE.

Vous vous mette en coulére,
Et vous vous empoutha,
Gaire lou mau de mére!
Et bin y n'iera pas :
Y vourouë pouthant   Voë ce t'Offant,
Aipeu sai Mére,
Tout nu languissant,   Et qu'en naissant
Prend nouës miséres ;
Que vint farma l'Enfa,
Et brisie tous nouës fa.

PIEROTTE.

Ç'ot qu'y seu dainquin promte ;
Main dit-me, où veux-te olla ?
Te te mouque di monde,

---

1 Haillons. — 2 Souillon, salope, etc.

Te voit bin que l'ot ta :
Te rencontreré,   Et trouveré
Trou [1], quéque ivrougne
Que t'injuriret,   T'airateret,
Et charchant rougne,
Te feret quéque mau :
Crait-me, gadhe l'houtô.

VINGT-SIXIÈME NOEL.

(Composé en 1708.)

Air : de la *Fanfare* Tarare pon pon.

*Un Vieillard vulgairement appelé Oncliot, étant avec
ses petits-fils aüprès du feu ; ils le prient de raconter
quelques vieux contes à sa manière accoutumée ; il
leur représente que dans ce saint temps de Noël, il
vaut mieux les entretein nde la Naissance de Jésus-
Christ, et commence par la création du monde.*

Les Enfants.

Oncliot, conta-nous voë quéques petetes faubles,
Stie de Jean de Pairis, ou de lai Pé-d'Anon :
Dourmi soëthant de tôble,
Cequy n'ot pas trou bon,
Chanta-nous quéque drouële Chanson.

Le Vieillard.

Y n'a pas, mas offans, trou grande envie de rire,
Mon cœu ot si mairi [2], qu'y ne serouë [3] chanta :
Jou et neu y soupire,
Nouës bourjons ant jola,

---

1 Trop.—2 Marri, contristé —3 Je ne saurais, ne pourrais.

Pou comble de martyre,   Coula.

  Nous disins entre nous : ce n'ot pas quy n'aiffare,
Lai bise n'ait pas queu [1] tous nouës pouëres
                    [bourjons .
L'ot vera [2] qu'y sont rares,
Lou vin seret bin bon :
Main, mas offans,   Tarare pon pon.

LES ENFANTS.

  Ne vous aitrista pas, et prante patience,
Aitente seulement jusqu'ai l'anna que vint,
Nous airans l'aibondance,
Et tant de jus divin,
Qu'on boiret pnu daipance,   Di vin.

LE VIEILLARD.

  Dans ce tems de Noüé, y faut laissie lai fauble,
Et vous entreteni d'in Mystére sacré :
Lai créature fôle,
Ait fa que dans in bré,
Jesu dedans n'Aitaule   Ot né.

  Aicouta bin, offans, ç'ot lai sainte Aicreture,
Qu'y vous vé raiconta d'in bout ai l'autre bout :
Duë prend noüete naiture,
Et nous veut sauva tous,
Das grifes d'in parjure   Hibout [3].

  Lou bon Duë tout-pussant ait fa lou Cie, lai Tare,
Tout ce que nous voyans, lai Ma et las Poissons,
Ce brillant luminare
Que régle nouës saisons,
Et lai Lenne qu'aicliare   Nouës monts.

---

1 Cuit, brûlé.—2 Il est vrai.—3 Sobriquet donné à satan.

Aipré ce quy y fit las vaiches et peu las chievres,
Las ânes, mas offans, las buë et las chevaux,
Perdrix, bégaisses et lievres,
Poulets, dindons, laipreaux,
Dont on fa boune chiere   As houtaux.

LES ENFANTS.

Dite-nous, s'y vous pla , las puces et las penases,
Las pouilles et las souris,   Duë las ai-tu borgie?
Nous serins aita asc,
S'on n'y aiva pas songie,
On dourmire ai son asc,   Sans lies [1].

LE VIEILLARD.

Coise-te, baibilla ! t'airé de mas pincettes,
Se maseu t'interrompt l'histoire qu'y contet;
T'é ne langue indiscrette,
Et quand y vous palet
Fau-tu que te caquette,   Pa-lai [2].

Pou son chief-d'ouëvre y fit l'houme ai sai ressem-
                                   [blance,
Lou mit mâtre aibsolu su tous las ainimaux,
Dans in luë de plaisance,
Exemt de tous las maux,
De pounes, de souffrances,   Traivaux.

De tous ças bés grouë; frus vous en peute maingie,
Hormi de cetu-quy que vous ot daifendu :
Que se vous en touchie,
Vous seri tous poudhus,

---

1 Sans elles. — 2 Par-ci par-là, à tort et à travers.

Et vous padhri lai vie   Pa lu [1].

O [2], ÿ vous faut sçavoi que ce maudit rebelle,
Ce boussu, ce toulhu [3], ce counu [4] Lucifa,
Voulant planta saï selle
Pu haut qu'y ne failla,
Y cheset [5] l'infidelle   En enfa.

Enviou di bounheu di pouëre premie houme,
L'y disa, lou tentant, dans ce t'aimable luë :
Se vous maingie ste poume,
Vous sembleri das Duës ;
L'ot bin belle, bin boune,   Et cruc.

Daime Eve, ai mon aivi, ne franche baibillade,
S'aimuset ai pala ai ce maudit sarpent ;
Le ne prena pas gadhe
Ai sas coënes, ai sas dents,
Moudhet coume en tatre [6]   Dedans.

Lou Père Adam qu'éta ne boune pâte d'houme,
Sai fanne l'y en beillant, lai prit et lai mainget ;
Pou ne maichante poume,
Que de pleurs, de regrets,
Que de traivaux, de pounes   L'airet [7] !

Ollans en quéque endret, disint-tu, nous caichic,
Nous nous aipachevans [8] que nous seunes tous nus ;
Maudite fantaisie !

---

1 Par lui, à cause de lui.—2 Or (conjonction).—5 Tortu.
— 4 Cornu.— 5 Tomba.— 6 Mordit comme dans une tarte,
avec sensualité. — 7 Il aura. — 8 Apercevons.

De maingie de ce fru,
Nous vans padhre lai vie   Pa lu.

Lou bon Duë que voit tout, élant dans ce Pathare,
Aipelet père Adam que ne s'ousa montra,
Bassa las œüilles en tare,
De feuilles se couvra,
Et regadha de care [1]   *Eva.*

Bin loin de demanda ai Duë miséricoëde,
Sire Adam rejeta su sai fanne lou mô [2];
Daime Eve, demé-moëtc [3];
Et tremblante de pô,
Disa : Lou sarpent cause   Ce c

Lou bon Duë maudiset su lou chant cete l
Vai, te vîvré rampant dessu ton aistoumet [4],
Ne fanne su tai téte
Marchant t'aicraseret;
Stu que te feret féte,   Merct [5].

Quand y en trouvet quéqu'un desou enne polére [6],
Y ne l'aipargnet pas, main d'in cô de fesou [7]
Y l'y casset lai téte,
En l'y disant : Peut loup,
T'é tanta nouëte mére,   Ç'ot prou.

Toi, Eve, pou avoi maingie de cete poume,
T'airé bin das douleu dans tas enfantemens,
Seré sujette ai l'houme,

---

1 De côté. — 2 Le mal. — 3 Demi-morte. — 4 Estomac.
— 5 Mourra. — 6 Espace es terrain qui se trouve dans
vigne entre les rangées de ceps. — 7 Houe …
fer, large et recourbé, avec lequel on ren…
tirant vers le sol.

Aicabla de tourmens,
De traivaux et de poune   Long-tems.

Voiquy pouquoi l'ant soin de nouës pouëres
                            [mainnages,
Que le fesant las lés, raicurant, pretissant [1],
Las buyies [2], las poutaiges,
Nétoyant, remaissant [3],
Et quand le sont bin saiges,   Filant.

Adam, peuque té eu ne lâche complaisance,
Que t'é désobéi ai mon coumandement,
Soë di luë de plaisance,
Dainipe promtement,
Te vivré en souffrance   Et tourment.

Lou crime qu'aiva fa Adam, maingeant lai poume'
Ait chu, mas pouëres offans, su tous sas daicendans ;
Jesu se faisant houme,
Et nouës maux finissant,
Nous vint tiric de poune,   Naissant.

On ne pala pas pu dedans ce bé Patharc
De gare, de malheu, que de Coulin Tampon ;
Las frus qu'étint su tarc ,
Etint bés et bin bons :
Main ce t'ant a,   Tararc pon pon.

*Le Viellard, après leur avoir raconté l'histoire du
vieux Testament, leur raconte celle du nouveau.*

L'y aiva quaitre mille ans, et même daivantaige,
Que las Justes aitendint ce tant aimable jou,

---

1 Pétrissent. — 2 Lessives, du vieux mot français buéc,
qui signifie la même chose. — 3 Balaient.

Satan hors de sai caige
Padha et gata tout,
Fesa et peste et raige,   Pathout.

Lou bon Duë, résolu de fini lai misére
Que nous aiva causa Adam pa son péché,
Veut nâtre de ne Mére
Lou saint jou de Noüé,
Sans feu, dans lai misére,   Sans bré.

In Ange s'en venet, tout brillant de lemére,
Vé lai Vierge Mairie qu'éta en oraison,
Méditant lou Mystére
De l'Incarnation [1],
Aisseta su sai chére [2],   Dit-on.

En entrant y feset d'aiboë lai reverence,
Ly palet d'in poue loin, ca l'éta bin aipris,
Raispecta sai presence,
Aiva bin de l'aisprit,
Aivo ë grande éloquence   Ly dit :

Vierge, y vous saluet, ca de grace remplie,
Lou Seigneu tout-pussant aivouë vous ot toujou ;
Lou Saint-Esprit, MAIRIE,
Veut étre voüete Epoux,
JESU panret lai vie   Dans vous.

Le fut si aibëïe [3] en voyant ce juëne houme,
Qu'éta dainquin entra sans toqua, sans souna,
Qu'elle ne sçaiva pas coume

---

1 Cette naïveté rappelle à peu près celle d'un bon curé de village, qui voulant donner à son auditoire une idée de la vie pieuse et retirée de la Sainte-Vierge, disait que l'archange Gabriel, chargé de lui annoncer le mystère de l'Incarnation, la trouva dans sa chambre, récitant dévotement son chapelet aux pieds de son crucifix. — 2 Assise sur sa chaise. — 3 Ebahi.

Le voula se sauva
Elle éta bin en poune,   Et troubla.

Elle se raissuret, et se mit ai ly dire,
D'in ton modeste et doux : Coument se poure-tu?
Pou Duë mon cœu soupire,
Et ot tout raisolu
De meri chaiste, et vivre   Pou lu.

Das pu chaistes beautés MAIRIE seret di nombre,
Ce grand Mystére en vous ainsi s'aicompliret;
L'Esprit Saint de son ombre
Vierge, vous couvriret,
Et lou Sauveu di monde   Naîtret.

Ne vous étouna pas, ca ran n'ot impousible,
Ai mon Duë, mon Seigneu, qu'ot as Cies Tout-Pussant;
Voüete veille Cousine,
Qu'ait passa cinquante ans,
Ot grousse, et l'ot visible,   D'Offant.

Le diset humblement : Voici lai Chambelére [1]
De mon Duë, mon Seigneu, son souhait soit aicompli;
Y veut bin être Mére
Di Sauveu JESU-CHRIST,
Penque mon Duë, mon Pére,   L'ait dit.

Las neu mois aicomplis, lai divine MAIRIE
Aicouchet di Mésie si longtems aitendu,
Dans ne pouëre aicurie,
Su di foin aitendu [2],
Mit l'Auteu de lai vie   Tout nu.

Y ne peut m'empoëchie, aichevant mon histoire,
De dire, mas offans, coume saige elle éta,

---

1 Servante. — 2 Etendu.

Modeste, humble, sans gloire ;
Au temple le sarva,
Et dans son oratoire   Pria.

Ne l'éta pairé [1], pas aifronta ne coquelle,
Coume on en voit das fois que vant levant lou na ;
Tra-saige et tra-discrelle,
Jou et neu médita,
Et seule en sai chambrelte   Eta.

Elle ne poutha point de tous ças pairures,
Falbala, ne voulans, engaigeantes encor moins ;
Haïssa las frisures,
Relirie dans in coin,
D'aivoi l'ame tra-pure   Aiva soin.

Prie-te hin, mas offans, ste Mére incomparable
Imila sas vathus [2], vous scri tous sauva ;
Dile ai son Fils aimable
De nous beillie lai Pa,
Et d'enchaina lou Diale   En Enfa.

VINGT-SEPTIÈME NOEL [3].

Air : Ce n'est pas par effort qu'on aime, etc.

Chantans tous aivoüe mélodie,
Omni relicto tœdio,
Ai l'aimable et chaiste Mairie,

---

1 Certes. — 2 Vertus. — 3 Ce Noel assez vulgaire en ce
qui concerne le fond, offre sous le rapport dela forme, une
singularité remarquable ; nous voulons dire 'ilntercala-
tion de vers latins rimant entre eux et complétant avec exac-
titude, quelquefois même avec une sorte d'élégance (à part
deux ou trois solécismes et expressions triviales), le sens général des vers patois auxquels ils sont entremêlés.

Christoque Jesu Filio,
Dont lai Vierge vint d'aicouchie
Posuit in præsepio.

Pa las airs Gabriet s'envoule
Missus à Deo nuntius,
Et diset ças belles pairoules
Lætissimis pastoribus:
Vouëte Duë ot né dans n'Aitaule,
Venite adoremus.

Jesu prend lai chaiste Mamelle,
Et albo lacte pascitur;
Main ç'ot di laicé de pucelle
Cujus Dominus nutritur,
Et sans aucune ouëvre charnelle,
Hic Puer vobis nascitur.

Las Pasteu d'aiboë s'aivoillérent,
Clarâ Gabrielis voce,
Et tous lieu bareilles remplérent
Bono Bachico liquore;
En sautant, dansant s'en ollérent
Simul in Bethleem Judæ.

Y ne pouthint point de lantane,
Nam Stella clara lucebat;
De loin l'entendint brare l'âne,
Qui raucâ voce clamabat;
Lon buë mugissa, lai cabane
Magno splendore fulgebat.

Tout d'aiboë que dedans l'entrérent,
Jesum hic adoraverunt;
Lieu pouëres dons l'y présentérent,
Puerumque oraverunt;
Di pouë qu'y pouthint s'aiscusérent,
Subitôque abierunt.

Lou pouёre âne leva lai tête,
Visis enim Pastoribus,
Y sembla qu'y lieu fesa féte,
Magnis extensis auribus:
Y caraissint ste pouёre béte
Stantem ibi sub pedibus.

Las Pasteu y étint encore,
Eccè strepitus armorum;
C'éta troё Rois que dez l'Aurore
Portabant Mirrham, Thus, Aurum;
N'y en eu pas un que ne l'aidore,
Quisque magnum dedit donum.

Y faut qu'y vous faisse tous rire,
Pastoris simplicitatis,
Qu'au bon Joueset s'en venet dire;
Totus repletus timoris :
Troё gens masquas venant ci, Sire,
Cum equitibus et armis.

Saint Joueset que sçaiva l'aiffare,
Dixit : Nolite timere;
Ç'ot troё Rois qu'ant quitta lieu tare,
Jesum volunt adorare,
Et stu qu'ait lai couleu noirâtre,
Rex est Etiopiœ.

Plut ai Duё qu'on ne peusse dire,
Sumus in illo tempore,
Dans las Royaumes et las Empires
Vivimus sine tremore;
Nous seunes en Pa, nun ne soupire,
Gloria tibi Domine.

VINGT-HUITIÈME NOEL.

Air : Laissez paitre vos bêtes , etc.

Laisse-quy tas aiffares ,
Tas embarras et tous tas soins ,
Vins voë in Duë su taré ,
Couchie desu di foin ;
    Lou Roy das Çuës ;
    Naît dans ce hië,
Entre n'añon in pouëre bue ,
Te varé ton Seigneu , ton Duë,
Lai lemére di monde ,
Se levant dans l'obscurité ,
Soë, non de desou l'onde ,
Main de l'éternité.
    L'ot si charmant ,
    Ce saint Offant ,
Quoiqu'y soit pouëre et languissant,
Ç'ot pouthant in Duë tout-pussant,
Pou ton peiché l'endure ,
Et l'ot réduit dans lou besoin :
Ingrate créature !
N'en airé-te pas soin ?

Consolation du Pauvre.

    Ton pouëre état ,
    Su in graibat
T'ait réduit, main ton aitentat,
Fa souffri son coë délicat ;
Regadhe, considéré
Se l'ot meu, se l'endure moins ,
Se sai grande miséré
Egale tas besoins !

Sai Majesta
Ot-elle aita
Pendant que l'ot ici resta,
Moins exemte de pouëreta !
Voit depeu sai naissance,
Regadhe sai vic et sai moë,
Et dit : Dans mai souffrance,
On me plaignet ai toë.

Tra-saigement,
En ce moument,
Fa, pouëre houme, in raisounement,
Mon Duë pouva natre autrement;
Jesu te vait raipondre :
Counet donc par-quy mai bonta,
Ç'ot ce que doit confondre,
Chrétien, tai lacheta.

Au mauvais riche.

Se tai moëson,
Chaique saison,
Ot pleine de bin ai foëson,
Use en Chrétien de tai raison :
Di-te : Veux-te, mon âme,
T'aibandenant ai tas desi,
Que n'éternelle flâme
Punisse tas plaisi?

Que se te craint
D'ouvri tas mains,
Fonda su das prétextes vains,
Et das raisounemens humains,
Ç'ot que ton âme oublie,
Que Dyë, nouëte Pére coumun,
Maime de cete vie,
Rend au moins cent pou un.

Te faut in joüot,
De ce séjoüot [1],
Soëthi pa foëche ou pa aimoüot [2],
Tout nu et sans aucun retoüot [3] ;
Tai grandeu, tai richesse
Ne ferant qu'aitrista pou-lors
Ton ame peicheresse,
Qu'airet mille remords.

Lou saint Offant,
Lors triomphant,
Qu'éta ton Sauveu en naissant,
Seret ton Juge tout-pussant ;
Tai counu lai miséro
Di pouëre sans lou soulaigie,
Vai, raice de vipére,
En Enfa te plongie.

Fut [4] ce dangie,
Tâche ai changie,
Adhe [5] lai vove [6] et l'aitrangie,
Et beille-lieu de quoi maingie ;
N'aitend pas qu'y te faille
Quitta ton oë et ton argent,
Ouvre las mains, soulaige
Lou pouëre et l'indigent.

Se tas grenies
Sont bin chairgies,
Fa mena di bla au marchie,
Pou las pouëres gens l'ot trou chie [7] ;
Laisseré-te tas fréres

---

1 Séjour. — 2 Amour. — 5 Retour. — 4 Fuis. — 5 Aide.
— 6 La veuve. — 7 Trop cher.

Dans las langueu et lou besoin?
Cruel, de lieu miséres,
Ne panré-te aucun soin?

L'airiveret,
Bin fa [1] seret,
Que ton froument se mesiret [2],
Dans lai ruë on lou jetteret;
Si plât ai Duë, su tare
L'y en airet, t'en enraigeré,
Et dedans quéque care [3],
De daipé te pendré.

Tous las Bargies
Etint chargies
De bins, et te dois bin songie,
Qu'y menint pouthant pouëre vie;
Cequy te doit aipanre
Que lou bin qu'ot entre tas mains,
Duë te lou peut repanre,
L'ot nouëtre, et non pas tien [4].

Baille ici-bas,
Et ne crains pas,
L'aumône adhe as daries combats,
Fa de bins au Cie grand aimas;
Ç'ot pa ce sacrifice,
Que calmant ton Juge et ton Roy,
Te retins sai Justice
Prote ai fondre su toi.

---

1 Ce sera bièn fait. — 2 Se moisira. — 3 Coin. — 4 Il est
à nous tous et non pas à toi seul.

VINGT-NEUVIÈME NOEL.

Air d'un Rondeau.

Bargies, ollans ai l'Aitaule,
Voë in pete Poupenot;
On dit que n'âne ye baule,
Ç'ot in si bé Gaichenot,
Ç'ot in Roy qu'ot Tout-Pussant
Et tout charmant,
Pathans vite sans crainte,
Ç'ot in Roy qu'ot Tout-Pussant,
Et tout charmant,
Qu'ot né pouërement.

Pierot prend lou coë ¹ das vaiches,
Et t'en vait toujou counant ²
Pa las ruës de ças Velaiges,
Te t'en revaré courant;
Te diré que las Bargies
Sont tous rangies,
Et s'en vant ai lai Craiche,
Te diré, etc.
Et s'en vant chargies.

Te me fa creva de rire,
Las Chambeléres endourmies
Ne manquerant pas de dire :
Lou loup mainge las Bargies ;
Y n'ot pas menneu souna,
Pouquoi couna?
Ant-tu padhu lai téte?

---

1 Cor, cornet de brger. — 2 Cornant, sonnant du cornet.

Y n'ot pas, etc.
Ç'ot pou baidina.

Mon aivis seret de panre
Nouëte pete tobourin,
Nous ierins tous de ne bande,
Et nous tobourinerins;
Tout chaicun s'aivoilleret,
Et s'en varet
Aivouë nous ai lai Craiche;
Tout chaicun s'aivoilleret,
Et s'en varet,   Nun ne resteret.

Voiquy ne drouële pensée,
Sans doute on nous panret
Pou das Soudats, ou n'Armée
Tout chaicun se caicheret,
Se taret [1] dans son houtau,
Crainte de mau,
Et farmeret sas poëthes;
Se taret, etc.   Et nous lieu ferant pô.

Nous ferins meu, ce me semble,
D'aivoillie Mâtre Simon,
Nous aicoudherins ensemble
Sai vioule et mon vioulon,
Nous nous en ierins juant,
Pathou criant :
Veni voë ne marvoille!
Nous nous, etc.   Veni voë l'Offant.

Ç'ot bin dit, nous n'ans pas gadhe
De pathi sans Monetrie,
Nous baillerans quéque aubadhe [2]

---

1 Se tiendra.—2 Aubade; sérénade qui se donne à l'aube
du jour.

Ai Jesu, Joueset, Mairie ;
Tretou nous l'aidourerans,
Et lou prierans
De conserva las graines ;
Tretou, etc.   Peu [1] nous soëthirans.

Se nous menans das fanfares,
On diret : ç'ot n'Aipousa ;
Se mairia dans las gares,
Ç'ot étre maule aivisa ;
Lou monde s'en mouqueret,
Et s'en riret,
En disant : c'ot ne fouëlie ;
Lou monde, etc.   Et nun n'y varet.

Y seu d'autre aivi, Bargies ;
Y cret que nous ferins meu
D'olla dans noëte Clechie,
In poue devant lai menneu,
De souna las carillons,
Din, digue, digue, don,
Et peu lai grouësse cliouche ;
De souna, etc.   Fy das vioulons !

Ollans, nous seunes das bétes ;
Tous las autres aipré varant,
Nous nous cassant quy las tétes,
Et se [2] nous n'aivançans ran ;
Nous airins fa di chemin
Deu lou maitin ;
Pathans tous sans tant dire ;
Nous airins, etc.   Et nous ye serins.

---

1 Puis, ensuite. 2 Et si, (vieille locution) et pourtant.

Mon Dué, qu'éte né su farc,
Pou lou pouëre Genre humain,
Fate in poue fini lai gare,
Et nous aicoudha di pain ;
Dorenaivant nous ferans,
Et nous suivrans
Toutes vouës Ordounances;
Dorenaivant nous ferans,
Et nous suivrans
Vouës Coumandemens.

TRENTIÈME NOEL,

(Composé en 1709.)

Air : O jour ! ton divin flambeau.

*Une femme affligée va trouver sa Commère pour venir
avec elle voir le Messie, à qui elle se veut plaindre
des maux qu'elle a soufferts l'année 1709.*

JACQUETTE.

Vous éte leva maitin,
Bin reblanchie, en counette [1];
Pouquoi daime Guillemette,
Vous aijusta-vous si bin?
Olla-vous ai quéque nôce,
Ou quéque batisement [2]?
Poure-t'on sçaivoi lai cause
D'in si bé aijustement?

GUILLEMETTE.

Veux-te veni aivouë moi,
Y m'en vé trouva ne Reine,

---

1 Cornette , sorte de coiffure. — 2 Baptême.

Qu'ot ne grande Souveraine,
Et qu'ait mis au monde in Roy;
Y faut que, ribon ribenne,
Y l'y conte mas traivaux,
De bonta l'ot toute plenne,
Le soulageret mas maux.

JACQUETTE.

Dis-me, laivou veux-te olla?
Main, coumare, que t'é béte,
T'é das raits dedans lai téte,
T'é sans doute aiçarvela !
Te cret donc que chüe las Princes
Entrant das gens coume nous ;
Nouës pouëres baillons sont trou minces,
Bon voyaige, aiduë, bonjou.

GUILLEMETTE.

Ne te ressouvin-te point,
Qu'ai lai moëson de Granvelle,
On boutet ¹ das sentinelles
Ai lai poëthe, ai chaique coin ?
Cependant l'curent bé fare,
Y entré mon saichot en main,
Et fesé té tintaimare,
Qu'y l'aipouthé plein de grain.

JACQUETTE.

On dit que l'y vait das Rois
Rendre visite ai Mairie,
Et que pouthant au Mésie
Das bés présens, bin de quoi ² ;

---

1 On mettait. — 2 Bieu de quoi, ou, comme l'on dit aussi
très communément dans notre pays , bien du butin , beau-
coup de choses de différents genres.

Ceux-quy entrant, coumarc,
Main pou toi, te pâ [1] tas pas;
Te te feré quéque aiffare;
Demoure cy, n'y vais pas.

GUILLEMETTE.

Quand tous las Rois y serint,
Même jusqu'au Roi de Tune [2],
Stu qu'ait pou armes lai Lune,
D'entra ne m'empoëcherint;
Quand l'y airet mille haulebadhes [3],
Dou régimens de Soudats,
Y me mouqüeroüë das gadhes,
De lieu piques et de lieu das.

JACQUETTE.

Y te counoisset trou bin,
T'é envie de baibillie,
Et de conta ai Mairie,
Tas bamboles [4] d'hye maitin;
De pala de tai miséré,
Et de lai mauvase anna;
Te vais fare lai megére,
En baulant, fronçant lou na.

GUILLEMETTE.

Quand l'y airet dans sai moëson
Quaitre Suisses ai chaique poëthe,
Coumarc, y sera prou foëthe,
Pou las mettre ai lai raison;
Se faut-tu [5], ribon ribenne,
Qu'y voyeusse lou Mésie,

---

1 Tu perds.—2 Tunis.—3 Hallebardes.—4 Ballivernes,
rabâchage. — 5 Si faut-il (vieille locution) encore faut-il.

Y veux que lou loup me prenne
S'y ne palet ai Mairie.

JACQUETTE.

Te vois qu'y seu entraipa,
Y faut jetie mai buyie,
Salue de mai pa Mairie,
L'Offant et son cher Papa;
Recoumande-li, coumare,
Que consarve las tresies [1],
Et las bins que sont su tare,
Sans cequi nous sons frisies [2].

GUILLEMETTE.

Vai, vai, gadhe ton houteau,
T'é moins de cœu que ne poule,
Gadhe tai buyie que coule,
Ç'ot bin fa se t'é di mau;
Pou moi, y me veux bin plainre
Di tems et de lai saison,
Ç'ot fouë que de tant crainre ;
M'en mouquet, qu'en diret-on ?

*Elle va seule à la Crèche, et raconte ingénument les
misères et les maux qu'elle souffre.*

En entrant dans l'Etable.

Dain [3] bonjou, daime Mairie,
Et toute lai compaignie,
Que lou bon Duë vous benie,
Et vous baille longue vie;
Y venet ici pou voë
Ce grand Roy qu'on dit qu'ot né;
Sere-çou st'Offant que doë ,

---

[1] Le grain, lorsqu'il commence à germer et sortir de terre.
— [2] Nous sommes perdus. — [3] D'à.

Couchie su ce foin, sans bré?

Nouëte Mâtre vous salue,
De même que mai coumare;
Se le n'eusse aivu aiffare,
Le seret aivouë moi venue,
Pou vous pria et vous dire,
De nous renvie [1] lou bon tems,
Et de fini lou martyre
Et las maux das pouëres gens.

Mairie priete in pouë Jesu
De nous gadha de faimenne [2],
Que l'anna que vint lai graine
Ne veille qu'in ca-d'écu;
Que tarmineusse lai gare,
Et que nous renvie lai pa;
Sans cequy que veut-on fare?
On ne pouret aichaipa [3].

*Elle continue en pleurant. La Sainte Vierge
la console.*

Pouere-t'on, daime Mairie,
Pendant que l'Offant soumeille,
En aitendant qu'y s'aivoille,
Vous conta mai pouëre vie,
Mas malheu et mas traivaux?
Mas souffrances et mai misére?
Ce Duë dont vous éte Mére,
Peut seul soulaigie mas maux.

La Sainte Vierge.
*Je veux bien vous écouter,
Ne répandez pas des larmes;*

---

1 Renvoyer. — 2 Préserver de la famine. — 3 Echapper.

Vous êtes triste dans l'âme :
Mais pour vous bien consoler,
Jetez les yeux sur la Crèche ;
Regardez votre Sauveur
Tout nu sur la paille fraîche,
Dans les maux, dans la douleur.

JACQUETTE.

On ne se seret empoëchie
De pleura, divine Mére,
Quand on pense ai lai misére,
Au pain que coûte si chie ;
Lou fret, lai noige et lai glaice
Di maudit hyva passa ,
Nous ant mis ai lai besaiche ;
Lou cœu me fend d'yc pensa.

Y fit dans nouëte payis
Ne si vioulente freidure,
Que las veillas [1], chouse sûre,
En élint tout haibéis ;
Lai bise éta bin si foëthe,
Que tout geola dans l'houtó,
Y coulé fenétre et poëthes,
Pré d'in bon feu y geolô [2].

Lou saint jou que las troë Rois
Venèrent dans vouëte Aitaule,
(Mon cœu manque, et mai pairole)
Y feset de si grands freds,
Pu nuisibles que lai gare,
Veignes, arbres, graines, tresies,
Et tous las bins de lai tare
Au mouëment furent frisies.

---

1 Les vieillards. — 2 Je gelais.

Y n'y restet ran di tout,
Qu'in pouë devé[1] lai montaigne;
Lou pays-bas, lai campaigne
Etint vendangies pathout;
Sans quéques moncés de noiges,
Que lai bise aiva jetie
Pa canton su das finaiges,
Que consarvet das tresies.

Maugra lai rude saison,
On éta encoüot en doute,
Las pu fins n'y voyint goute,
Et se fondint en raison;
Y disint : c'ére n'aiffare
Que nous n'airins jaima cru,
Que las blas que sont dans tare,
Dans l'hyva se sint padhus.

Quand lou printems fut venu,
Chaicun visita sai tare,
On airet dit que lai gare
Ou lou feu y aivint couru;
Lai graine qu'in labourie
Aiva sanna[2] dans son champ,
Dans l'hyva s'éta perie :
Duë, que ce tems ot maichant !

N'y aiva ran entérement,
Par-quy devé lai Saint-George;
On se mit ai sanna l'orge,
Ai lai plaice di froument,
Voces[3], pois, nantilles et faves,
Di tourquie, di sairaisin[4];

---

1 Devers, du côté de. — 2 Semée. — 3 Vesce, espèce de gr in rond et noirâtre dont on nourrit les pigeons— 4 Sarrasin, ou blé noir.

As veignes, on boutet das raves,
Pou teni luë de raisin.

Voici lou pu groüe sargot [1] ;
Y faillet coupa las veignes,
Aifin que lou bô reveigne,
Même stequies [2] de Raigot ;
Quand las vendanges venérent,
Au lüe d'aivoi di bon jus,
Ai poune en quaitre poléres [3],
Gliannérent-nous dou varjus.

Las arbres sont tous gâtas,
Excepta las celesies,
Main pou las pouëres noyies,
Y las fauret mettre ai bas ;
On cieret las troncs, las branches,
Saint Joueset qu'ot menuisie,
En feret fare das planches,
Pou traiveillie di metie.

On voyet en in mouëment
Lai chiereta [4] su lai tare ;
On aiva aivouë lai gare,
Lai rareta di froument ;
Ran ne vena dans nouës haules [5],
On n'y venda point de grain,
Las fannes devenint fouëles
De voë lieu houtau sans pain.

Bon Duë, que pendant st'hyva
On eut de maux et de poune !
Combin de fois mon pouëre houme

---

1 A la lettre, Cahot de voiture, figurément, contre-
temps, malheur.—2 Celles.—3 Rangées de ceps.—4 Cherté,
disette.—5 Halles.

S'ot-tu couchie sans soupa !
Faillet vivre de mennaige,
Vendre cuivre, aitain, lançues [1],
Pou fare in pouë de poutaige,
Et las poutha pa las ruës.

Lou Seigneu n'ait pas voulu
Que nous merins [2] de misére,
L'ait fa voë que l'éta Pére,
Que tout n'éta pas poudhu;
Y nous ait envie das orges,
Et di bé et bon tourquie,
Pou puni nouës chaites gorges,
Y nous en ait fa maingie.

Elle raconte les misères de sa famille.

Nouëte petegnot Liaudot,
Qu'ait n'an aivouë troë semennes,
Crie lou pu ai lai faimenne,
Et mainge plein in poutot
De gaudes que sont sans beure,
Daimola [3] avouë de l'yau,
Que tous las jous nous fans queure
Aivouë tant soit pouë de sau [4].

Daime, y n'a que quaitre offans,
Dont dou ollint ai l'aicoule ;
Main, n'ayant pas enne obole
Pou payie in demé-an
Qu'y devint chüe lieute mâtre,
On las ai bouta de foë [5];
On las ai envie au plâtre,
Ce qui me cause lai moë.

---

1 Draps de lit. (En italien, lenzuola) — 2 Mourrions.
— 3 Démêlées. — 4 Un peu de sel. — 5 Dehors.

Quand vint l'heure di dîna,
Y bôlant, qu'on n'entend goute,
Y sont tous aipré mai coute,
Pleurant et fronçant lou na;
L'un dit : mére, de lai soupe ;
L'autre demande di pain ;
Y n'a aivu que ne croute,
Y brâmet de maule faim [1].

Non, quand y voyet cequy,
Y pestet dedans mon ame,
Champet [2] in grélot [3] de larmes :
Bon Duë, qué tems ot-çou ci !
Y me prend souvent envie
De me jetie dedans l'yau,
De me pâdre et me noyie,
Pou bouta fin ai mon mau.

La Sainte Vierge.

Votre état est malheureux,
Que je vous plains pauvre femme !
Mais ne perdez pas votre âme :
Le temps sera plus heureux :
Prenez tout en patience :
Je vais prier mon cher Fils,
Qu'il ramène l'abondance,
Et vous mette en Paradis.

Que si vous considérez
Que son état est très pauvre,
Qu'il est comme un de vous autres ;

---

1 Brâmer de male faim, crier la faim.—2 Jette, répan ls.
—3 Diminutif du mot gré, qui, en style familier de notre
pays, sert à désigner ces petits vans dans lesquels on met la
pâte, et dont chacun est la mesure d'un pain de 6 à 12 livres.

Vos maux vous endurerez :
Vous savez qu'il est le Maître
Absolu de l'Univers,
Pour vous sauver il veut naître
Parmi les froids de l'hiver.

L'ot vera, vouëte moëson
Sembla mai pouëre caibane ;
Vous n'éte qu'in buë et n'âne,
Et dans ste saison
Vous n'éte pas aivrechie ;
Tous lou toit ot chu ai bas :
Chüe nous, tout ot bin bouchie,
Y ne me plainra donc pas.

Y ne me lasserouë pas
D'étre ai vouëte compaignie ;
Vous éte, Daime Mairie,
Tant de charmes et tant d'aipas,
Qu'en vous contant mai misére,
Y me sentouë soulaigie ;
Vous m'éte, divine Mére,
Consola, beillie lai vie.

TRENTE-UNIÈME NOEL,

En forme de dialogue entre des Bourgeois et des Bergers.

Air : Tous les cœurs embrasés, etc.

Les Bourgeois.

Assemblons les Pasteurs pour venir à la Crèche
Voir ce divin Enfant, ce Messie attendu,
Qui naît pour les mortels, et veut qu'on le recherche ;
Allons vite, ne tardons plus,

Demander la Paix à Jésus.

Les Bergers.

Nous ne serins marchie, nouës pièds sont trou
[débiles,
Nous sons si mau nourris que ñous n'en pouvans pu.
Pou vous autres messieu, bin gòna [1] dans las villes,
Olla vite, ne tadha pu,
Demanda lai Pa ai Jesu.

Les Bourgeois.

Vous en avez besoin plus que personne au monde,
Vers vous ses Messagers cètte nuit sont venus;
La terre dans ce temps cesse d'être féconde;
Venez vite, ne tardez plus,
Demander la Paix à Jésus.

Les Bergers.

Hélas! coument pathi pa las noiges et las glaices,
Sans ran pou ly poutha, tout déchiries [2], tout nus?
Nous n'ans pou mettre as pieds, ne soulies, ne golai-
Olla vite, ne tadha pu, [ches ;
Demanda lai Pa ai Jesu.

Les Bourgeois.

La neige et les frimats qu'un triste hiver assemble,
Sont, pour vous empêcher, tout-à-fait superflus;
Préparez-vous, Bergers, et partons tous ensemble;
Allons vite, ne tardons plus,
Demander la Paix à Jésus.

Les Bergers.

Vous y pourri olla en cairosse ou en chère [3],

---

1 Bien équipés, bien fournis de toutes choses. — 2 Dé-
chirés. — 3 Chaise, voiture légère à deux ou quatre roues,
pouvant contenir deux personnes seulement .

Ou bin su das chevaux bins doras, bin vetus ;
Main das pouëres bargies tout remplis de misére,
Sans doute serant mau reçus,
Demandant lai Pa ai Jesu.

LES BOURGEOIS.

Ne vous rebutez pas, lui-même est misérable ;
Il vous écoutera, Bergers, n'en doutez plus ;
Il est dessus du foin dans une pauvre étable ;
Partons vite, ne tardons plus,
Demandons la Paix à Jésus.

LES BERGERS.

Main coument ferans-nous ? ç'ot in si long voyaige ;
Et qu nous nouriret ? coume lougie? chuë qu ?
Nous n'ans rans pou poutha dans nouës pouëres be-
Vous ly dirint que nous n'ans pu   [saiches :
Demanda lai Pa ai Jesu.

S'on pouva demanda pou fare ce voyaige !
Main de tendre lai main on nous l'ait défendu,
Las gadhes [1] nous panrint, et nous mettrint en caige ;
Etant quy nous ne pourins pu
Demanda lai Pa ai Jesu.

LES BOURGEOIS.

Venez avec nous, ne soyez pas en peine ;
Tout ce que nous avons, nos biens, nos revenus,
Nous les partagerons, afin que chacun vienne,
Et qu'aucun ne diffère plus
Demander la Paix à Jésus.

---

1 Les gardes.

LES BERGERS.

Duë, que vous pala bin! lou Seigneu vous consarve,
Et dans lou Paradis vous rende cent fois pu!
Que d'hussies, de sargents [1] ai jaima vous présarve !
Ollans vite, ne tadhans pu,
Demanda lai Pa ai Jesu.

LES BOURGEOIS.

Bergers, tenez-vous prêts, nous partirons de bande ,
Et nous arriverons sans doute en peu de jours ;
Ceux qui ne pourront pas lui faire quelque offrande,
Donneront sans doute le plus,
En offrant leurs cœurs à Jesus.

TRENTE-DEUXIÈME NOEL.

AIR : On dit partout que je vous aime.

La plainte des Vignerons sur le malheur des vignes.

JEANNOT.

Ollans, Tounot, voë lou Mésie,
Qu'ot né ste neu, et vint pou nous sauva ;
Y nous faut, machi de mai vie [2],
Ly raiconta las maux qu'ait fa l'hyva.

TONNOT.

Où veux-te olla? Duë que t'é béte !
Crai-te, Tounot, qu'y ne lou sçaiche pas ?
Y sça toul, ç'ot in grand Prouphéte,

---

1 Sergents; (vieux mot) bas officiers de justice dont les
fonctions étaient à peu près les mêmes que celles des huis-
sieurs modernes. — 2 Merci de ma vie ! Sorte de jurement
en usage autrefois.

Demoure ici, te vé padhre tas pas.

JEANNOT.

Y veux sçaivoi si pa son oëdre,
Ce rude hyva nous ait dainquin gona [1],
Et lou pria que té daisoëdre
N'airive pas chüe nous de cent anna.

TONNOT.

Compare, t'é pairé bin drouële,
Ran ne se fa que pa sas bons voulois ;
Tout tremble ai sai seule pairouële,
L'ot pu pussant que ne sont tous las Rois.

JEANNOT.

Ollans-y voë, mon cher Compare,
Vin aivouë moi, nous conterans nouë maux ;
Nous ly dirans : l'hyva, lai gare,
Nous ant causa de pénibles traivaux.

TONNOT.

Y fauret dire ai nouës douës fannes,
Se d'aivouë nous elles vourint veni ;
L'airint grand regret dans lieus ames,
Se nous pathins sans las en avathi.

JEANNOT.

Nouës fannes sont prou curiouses,
Se lou sçant, l'ye vourant veni voë ;
Main le sont in pouë trou causouses,
L'aivoillerant lou Gaichenot, s'y doë.

TONNOT.

Lai mienne ç'ot enne mégére ;

---

1 Accommodés, traités.

S'y lie menet, elle diret lai vie
Das offans, de lai chambelére,
De son mairi, ai JOUESET et MAIRIE.

JEANNOT.

Lai nouëtre jueret bin son rouële ;
En raicontant las maux qu'ait fa lou fret,
Le baille in ton ai sai pairouële,
Crie, pleure, rit quasi tout ai lai fois.

TONNOT.

Y m'en vé las trouva, Compare,
Le sont chüe nous toutes douës pré di feu,
Y lieu raicontera l'aiffare ;
Nous pathirans aivant qu'y feusse neu.

Duë set sian ; bon jou, coumare,
Mai fanne et vous, voula-vous veni voë
Lou Mésie qu'ot venu su tare,
Pou nous tirie de l'Enfa, de lai moë ?

LA COMMÈRE.

Y m'en vé panre mai caipette,
In mouchou blanc et mon bé coutillon ;
Y veut mettre n'autre counette,
Et dhaibillie ce pouëre veille haillon.

L'AUTRE COMMÈRE.

Y me plainra bin ai sai Mére
De tous las maux que l'hyva nous ait fa,
Et y lie fera voë mai misére,
Et mas tourmens pu grands que ceux d'Enfa.

UNE COMMÈRE voyant l'Étable.

Bon, y voyet de lai lemére,
Lou bon JESU ot sans doute en ce luë,

L'y ai di feu, on voit de lai femére [1];
Ç'ot n'aicurie, qué palais pou in Duë !

LES DEUX COMMÈRES *ensemble et bas.*

Lai Mére ot pu belle que lai Lune,
Et son offant pu bé que lou Souleil ;
Regadhe-lai, l'ot in pouë brune,
Son charmant tein ait n'éclat sans pareil.

Aidourans nouëte divin Mâtre
Ai dou genoux, peu qu'y vint nous sauva ;
Prians-lou qu'y gadhe de padhre
Veignes, tresies dans lou tems de l'hyva.

LES COMMÈRES *à leurs Maris.*

Olla fare lai reverance
Et salua lou Pére de l'Offant ;
Ne voite-vous pas qu'y s'aivance?
Fate di moins coume las autres fant.

Pou nous, nous ans bin das aiffares
Ai raiconta ai maidaime MAIRIE :
Laissie-nous tant seulement farc,
De nouës malheus elle pranret pidie.

Parlant à la Sainte Vierge.

Daime, voici vos chambeléres
Que sont venu aivoue lieu dou mairis,
Pou vous raiconta las miséres
Qu'ant airiva dedans nouëte payis.

Nouës mairis traivaillant lai veigne,
Ç'ot lou metie lou pu nouble de tous ;
Y ne cret pas que quéqu'un veigne

---

[1] Fumée.

Nous méprisie, ne passa devant nous [1].

Cependant nous sons misérables,
Et travaillant coume das ainimaux ;
Y fa das tems si détestables,
Que nous padhans nouës pouënes et nouës traivaux.

L'y ait troës ans qu'on eut l'aibondance
Lou vin vailla in sou dans Besançon ;
On s'enyvra, fesa bonbance,
Stu qu'éta plein éta pu bé gaichon.

On se plaigna, c'éta de grasse,
Et on voula qu'on crible lou froument ;
On tâta lou vin dans ne tasse,
Y n'ot pas bon, disa-t'on hautement.

Lon bon Duë s'ot mis en coulére,
Lorsque l'ait vu qu'on méprisa lou bin ;
Y nous ai envie lai miséreℓ,
Et nous ait pris tout pou in bé maitin.

Las naivettes se sont poudhues,
L'huile ot si chie et coute tant d'argent,
Qu'on varret vouës lampes éteindues [2]
Las samedisχchüe tous las pouëres gens.

LES HOMMES parlant à Saint Joseph.

Sire Joueset, Duë vous benie,
Et vous consarve et dailivre de maux ;
Nouës fannes palant ai MAIRIE,
Parmetta-nous de conta nouës traivaux.

Laivou ot lou tems que dans nouës veignes

Nous aivins fa pu d'in meu pa ouvrie [1]?
Priete Duë que ce tems reveigne,
Nous proumettans de mena n'autre vie.

SAINT JOSEPH.

Pendant le temps de l'abondance,
Vous vous plaigniez et n'étiez pas contents;
On s'enivrait, faisait bombance,
Se querellait, et l'on perdait le temps.

Les juremens et les blasphêmes,
Que vomissaient ceux qui étaient pleins de vin,
Vous causent ces malheurs extrêmes;
Je prierai Dieu qu'il y mette une fin.

LES FEMMES *interrompant leur discours.*

Grand Saint, vous dites das marvoilles,
L'ot tout bé vra, y s'enyvrint toujou,
Et bevin das quaitre bareilles,
Y demeurint ai tauble tou lou jou.

Peu quand l'aivint dedans lai téte
In poue de vin, y n'y fesa pas bé;
Y criint, fesint lai tempéte;
Quand y grondouë, y aivouë de bons sambés.

Voiquy Tounot, qu'y me daimente;
N'ot-tu pas vra qu'in diemanche maitin,
Aivant que lai Grand-Messe on chante,
L'aiva déjai bû ne channe de vin?

Ai present l'ot tout-ai-fait saige,
Y ne pa [2] point de Congrégations;

---

1 Plus d'un muids par ouvrée.— Le muids de Besançon
contient 270 litres environ, et l'ouvrée de vignes trois ares,
cinquante centiares.—2 Il ne perd, ne manque d'assister à.

Nous ans lai pa dans lou mennaige,
L'ot das premies as Bénédictions.

Lou pouëre houme fa pénitence
Das bon repas que l'ait fa ci-devant ;
Y prend sas maux en patience,
Et feret bin (di-tu) [1] dorénaivant.

Sai boisson, ç'ot de lai genevrette.
Sas bons repas das gaudes de tourquie,
Y vouret teni lai piquette
Qu'y méprisa quand y fesa lai vie.

Aiduë, Sire JOUESET, MAIRIE,
Nous nous en vans, priete in pouë Duë pou nous,
Qu'y nous faisse dedans lou Cie
Aivoi in jou enne plaice aivouë vous.

TRENTE-TROISIÈME NOEL,

(Composé en 1710.)

Complainte d'un Berger.

AIR : Affreux rochers , etc.

Petes moutons, paites ai l'aivanture,
Y ne serô panre di soin de vous ;
Y vé raiva dans ste caivane obscure,
Prentes bin gadhe as Soudats et as loups.

Ne varrans-nous jaima lai pa su tare ?
Quoi ! fauret-tu que mas pouëres moutons
Crainte das loups, et peu das gens de gare,
Tremblint toujou de pô dans nouës cantons ?

Y a entendu enne boune nouvelle,

---

1 Dit-il.   10

On dit qu'in Duë vint de naître pou nous,
On ne peut pas m'en dire ne pu belle,
Petes moutons, raissuries-vous donc tous.

Ce Mésie tint las cœus de tous las Princes,
Sas Anges ant dit que nous airins lai Pa,
Tant daisirie de toutes las Prouvinces,
Malheu ai ceux qui ne lai vourant pas.

Ç'ot lu qu'ai fa lou Cie, lai Tare et l'Onde,
L'ot Souverain de ce grand Univa,
Y naît pou nous dans enne Aitaule immonde,
Pouëre et tout nu au moitan de l'hyva.

Tous las ousés pa lieu tenres raimaiges,
Vant publiant las grondeu di Seigneu;
On ne peut pas companre sas ouvraiges,
Que ne sons-nous aussi heuroux que lieu!

L'houme qu'ot fa ai vouëte ressemblance,
Ot aicabla pa las gares de maux,
Passant sas jous en douleu, en souffrance,
Envie lou soë de ças pouëres ainimaux.

N'haibile ouvrie qu'ait fa ne péce rare,
Se plaît ai voë l'ouvraige de sas mains;
Vouëte intérêt ot de sauva lai tare,
Et de beillie lai Pa aux pouëres humains.

Y veux fonda toutes mas espérances
Su mon Sauveu que vint naître ai menneu;
Que sarvirant sas pounes et sas souffrances
Se tout périt pa lou fa et lou feu?

Y repasset dans mai faible mémoire,
Que l'y ai vu das gares de tout tems,
Coume on lou lé dedans lai belle histoire
De vouëte saint et veille Testament.

Quand vous eutes constru lou Cie, lai tarc,
In Lucifa, in maulerie grinmau
S'émancipet de vous fare lai gare,
Voulant monta au Trône di Trés-Haut.

Peu lou sarpent feset lai garre ai l'houme,
L'enfantoumet pou lou fare meri,
Lie conseillet de maingie de lai poume,
En lie disant : coume Duë vous seri.

Troës houmes étint seulement su lai tarc ;
Dou d'entre lieu ne se pouvint souffri ;
Caïn fesant au pouëre Abel lai gare,
L'aissaissinet et lou feset meri.

Deu ce tems-quy on n'ait vu que querelles,
Gare et malheu parme lou genre humain,
Même aujedeu on en voit das cruelles ;
Fates, Seigneu, qu'elles finissint demain.

Vous voites meu toute nouëte misére
Et nouës besoins que nous ne las sentans :
Sarvites-nous de Sauveu et de Pére,
Et renfarma lai gare aivouë Satan.

L'anna passa nous étins en souffrance,
Et nous aivins et das pounes et das maux ;
Pou nos péchés nous ans fa pénitence,
Mettes ne fin ai tous nouës longs traivaux.

L'ot bin vera que ce t'anna lai tarc
Nous ait beillie di froument bel et bin ;
Mais l'ot véra qu'on ait toujou lai gare,
Et qu'on n'ait pas haibargie trou de vin.

Aibandenans, chers moutons, lai prarie,
Ca lou soulet nous caiche sas rayons ;
In pu charmant ot né dans n'écurie,
Que veut de moi das aidourations.

TRENTE-QUATRIÈME NOEL.

Sur la Chanson de *Gile* ou du *Cotillon*.

*Des Bergers gardant leurs troupeaux, entendent un
grand bruit qu'ils croient être fait par une troupe
de gens armés.*

Ah ! sauvans-nous, tout ot poudhu,   *bis.*
Voiqui qu'on entend in grand bru,
Las Soudats sont dans nouës cantons ;
Y nous faut bin panre gadhe ai nouës pete moutons,
Ai nouës pete moutons.

Coisie-vous voë, ce n'en ot pas,   *bis.*
Y ne fant pas prou de fracas,
Ç'ot das Bargies, das vioulons ;
Cependant prenans bin gadhe ai nouës pete moutons,
Ai nouës pete moutons.

Ç'ot ne nôce, ou y seu trompa ;   *bis.*
Y cret qu'on vint de mairia
Dans ce tems-ci lai Margoton ;
N'aibandenans pas de loin tous nouës pete moutons,
Tous nouës pete moutons.

Y m'en vé las interrogie,   *bis.*
Et se ce n'ot pas das Bargies,
Y fera jüe mathin-bauton [1] ;
Vous, prente toujou bin gadhe ai nouës pete moutons,
Ai nouës pete moutons.

Où olla-vous ? d'où veni-vous ?   *bis.*
Pala, de chüe qu'éte-vous ?

---

1 Martin-bâton.

N'éte-vous point quéques larrons
Que veni pou dairouba quéqu'uns de nouës moutons.
Quéqu'uns de nouës moutons ?

Nous ne sons pas vouës ennemis,   *bis.*
Main las moillous de vouës aimis,
Que vant pou voë in Duë si bon ;
Bargies, ne crainte donc ran pou vouës pete moutons,
l'ou vouës pete moutons.

Dans qué endret lou varri-vous ?   *bis.*
Nous lou vourins bin voë tretous,
Main l'y ai das loups dans ças cantons ;
Ç'ot pouquoi nous prenans gadhe ai nouës pete mou-
Ai nouës pete moutons.   [tons,

Ne crainte ran, veni toujou,   *bis.*
Vous revari devant lou jou ;
Ran de si bé que ce Poupon ;
Vouës chins gadherant di loup tous vouës pete moutons,
Tous vouës pete moutons.

On voit déjet ce bé endroit.   *bis.*
Où repouëse ce divin Roi,
Y n'y ait qu'in buë, aivouë n'ànon ;
Nous l'y faut fare in present d'in pequegnot [1] mouton.
D'in pequegnot mouton.

Vous éte prince de lai Pa,   *bis.*
Ne nous l'aicouderi-vous pa ?
Prente de nous compassion ;
Gadha das Soudats, das loups tous nouës pete moutons,
Tous nouës pete moutons.

---

[1] Petit (en espagnol, pequeno). Nous aurons plus d'une
fois l'occasion de constater de semblables analogies entre le
patois bisontin et la langue parlée dans notre province avant
qu'elle fît partie du territoire français.

TRENTE-CINQUIÈME NOEL.

AIR : De la bonne aventure hogué.

Veu-te veni aivouë moi, daime Maudelenne,
Y m'en vé ai Taraigno [1],
Maure [2], pou fare in quigno [3] ;
Y a de boune graine hogué ,
Y a de boune graine.

Mas offans, l'anna passa, me disint : mai mére,
Fate as Fétes de Noüé
In quigno ou in touthé ;
C'éta lai misére, hélas !
C'éta lai misére.

Y crayo las régala d'in poue de pain d'orge,
Y se boutérent ai pleura,
Fare lou groin et bôla,
Et tôëdre [4] lieu gorges, hélas !
Et tôëdre lieu gorges.

Moi qui crevo dans mai pé de me voë sans graine,
M'empouthant, y las fouëté,
Pou lieu quigno de Noüé ;
Y en eu lai migraine, hélas !
Y en eu lai migraine.

Quand lieu Sirot [5] fut venu, que vut ças ailarmes,
Y ne pouva raispira,
Son pouëre cœu soupira :

---

1 Taragnoz, faubourg de Besançon. — 2 Moudre. —
3 Quigneux, terme du pays pour désigner un gâteau de pâte
ou de biscuit qui se fait la veille de Noël, et que les parrains
envoient à la famille de leur filleul dans l'année qui suit le
baptême. — 4 Tordre. — 5 Père.

Y jeta das larmes, hélas !
Y jeta das larmes.

Pou moi que me repento de mai promtitude ,
Y lieu proumetto demain
Pu de beurre que de pain ;
Mai poune éta rude, hélas !
Mai poune éta rude.

Y diso entre mas dents : bon Duë qué misére !
Ças dou pouères offans qu'ant faim ,
Ant das coues au luë de pain,
Das mains de lieu mére, hélas !
Das mains de lieu mére.

Main st'anna, Duë soit béni, ce n'ot pas de même ,
Lou mouva tems ot passa ,
Lou bon Duë dit : aissa [1] ;
Maî joye ot extrême, hogué,
Mai joye ot extrême.

Y vé fare di pain blanc pou toutes nouës Fétes ;
Hélas ! nous ans prou maingie
D'orge, d'aivoune et tourquie ;
Laissans-las as bétes, hogué,
Laissans-las as bétes.

MAUDELENNE.

Aitente in pete mouëment, coumare Chalotte,
Y vé rempli mon saichot,
Jean lou mettret au quechot
Dessu sai charotte, hogué,
Dessu sai charotte.

Las Veillas ant toujou dit : pou passa lai vie ,

---

[1] Assez.

N'y ait té pain que de froumenl,
Ne té vin que de sarment ;
Ç'ot chouse aissurie, hogué,
Ç'ot chouse aissurie.

Nous eurent l'anna passa de bin tristes Fêtes ;
Non, vous ne lou crairins pas,
Nous nous couchins sans soupa,
Tout coume das bétes, hélas !
Tout coume das bétes.

Y nous fauret st'anna-ci, fare, mai coumare,
Tatre [1], bignots [2] et cropés [3],
Tourtes, pain fin et pâtés,
Quéque boune aiffare, hogué,
Quéque boune aiffare.

Lou bon Jesu soit béni, et sai sainte Mére ;
Nous ans di pain. Duë machi,
Nous voici hoë de souci,
Aipeu de misére, hogué,
Aipeu de misére.

Y nait pou nous raicheta et fini lai gare ;
Prians-lou qu'aipré l'hyva,
L'aibondance aivouë lai Pa
Regnint su lai tare, hogué,
Regnint su lai tare.

---

1 Tartes.— 2 Beignets.— 3 Ce que l'on appelle aussi dans
notre pays, crâpé, en français crêpe, pâte semblable à celle
des beignets et qu'on fait cuire en l'étendant sur la poêle.

TRENTE-SIXIÈME NOEL.

Ait : *De Tarare pon pon.*

*Des Bergers s'en retournant joyeux d'avoir vu le Messie,
rencontrent des gens tristes et chagrins qui leur ra-
content qu'ils viennent du Pays-Neuf, et qu'ils ont
été trompés par cette fausse nouvelle.*

LES PASTEURS *joyeux.*

*Dites-nous, chers amis, le sujet de vos larmes ;
D'où vient votre chagrin ? pourquoi soupirez-vous ?
Un Dieu rempli de charmes
Naît pour vous sauver tous,
Et vient briser les armes*   *Pour nous.*

Ceux qui retournent du Pays-Neuf.

Vous éte gras et drus, vous ne fate que rire,
Et pa tous las chemins vous dansie, vous chanta ;
Chaicun de nous soupire,
Nous seunes tous runna,
Pou comble de matyre .   Mouqua.

*Nous sommes si contents d'avoir vu le Messie,
Que nos maux ne sont rien au prix de ce bonheur,
Il nous donne la vie,
Finit notre malheur :
Mon âme en est ravie,*   *Mon cœur.*

Nous ne comprenans ran ai tout vouëte langaige,
Vouëte raisounement nous rend tous intadhis [1] ;
Vous n'éte pas trou saiges,
Où l'éte-vous aipris ?
Vou pâthe [2] (ç'ot doumaige)   L'esprit.

---

1 Interdits. — 2 Perdez.

Quoi ! ne savez-vous pas cette aimable nouvelle,
Qui nous a fait quitter notre petit troupeau,
Pour voir une Pucelle
Qui tient dans ce Hameau,
Son Fils à la mamelle   *Si beau.*

Nous sons déjet dupa pa ne fausse nouvelle,
Vous nous craite aitraipa, ne vous gaucie [1] pas tant ;
Ne Mérc étre Pucelle,
Voi coume y se mouquant !
Chait brela craint l'yau fraide [2]   Long-tems.

Contez-nous, je vous prie, quelle est cette nouvelle,
Que l'on vous avait dit, et qui vous a trompé ;
La nôtre est très fidèle,
Et c'est la vérité,
Jésus d'une Pucelle   *Est né.*

Messieu, vous faut sçaivoi que dedans nouës Velaiges
Das babouins [3], das trompous nous venint conseillic
De vendre nouës mennaiges,
Aitaim, pouts [4], plets, quellics [5],
Et tous nouës héritaiges   .   Maingie.

Y nous disint : ollans dans lai Poméranie,
Nous airans de grands bins et das meubles ai foëson,
Chaipons, cailles reties
Charant [6] dans nouës moësons, ·
Vous feri bounc vie,   Dit-on.

---

1 Ne vous gaussez pas (terme populaire) ne vous moquez
pas. — 2 Chat échandé craint l'eau froide. — 3] Des babil-
lards, des trompeurs. Le mot babouin signifie proprement
une espèce de gros singe. — 4 Pots. — 5 Cuiller. — 6 Tom-
beront (du vieux mot choir).

Quand vous airivcri vous icri dans nc Velle,
Où bin das gens sont moës, y n'y ait quasi pu nun;
Las moësons las pus belles,
Et remplies de bétun [1];
Prante-las, on en baille   Ai chaicun.

On conta que c'éta lou payis de Coquaigne,
Que nous ne ferins ran, et que nous vivrins bin,
Las moësons de campaigne
Sont au premie que vint,
Y crot [2] su las montaignes   Di vin.

Hélas! nous ans vendu toutes nouës bounes aiffares,
Nouës meubles, nouës effets, tout ce que nous aivins;
Nous disins que las gares
Nous padhint, nous runnint,
Que nous airins das tares   Sans fin.

Je vois bien, mes amis, que vous êtes à plaindre;
Pourquoi vous arrêter à ce monde trompeur?
Vous savez qu'il sait feindre,
Qu'il est un imposteur,
Un fourbe qu'on doit craindre,   *Menteur.*

Croyez-nous, allez voir ce Dieu qui vient de naître,
Il vous consolera de tout votre malheur;
Allez le reconnaître,
Il est votre Sauveur,
Donnez à ce bon Maître   *Vos cœurs.*

---

1 Butin, meubles et provisions de toute espèce. — 2 Il
croît.

TRENTE-SEPTIÈME NOEL,

(Composé en 1711.)

AIR : Charmante Iris , etc.

JEANNOT.

On m'ait dit, Tounot, das nouvelles,
On pale de fare lai Pa [1],
Pourvu qu'on ne lai rompe pas,
Le serant pou nous das pu belles ;
　　Pu de querelles,
　　Nous ans di vin,
Pou cria : boune anna revint.

TONNOT.

Dis-me vitement, mon compare,
De qu, coument te l'é aiprit.
Te me met lai joye dans mon aisprit ;
S'y pouvouë voë lai Pa su tare,
　　Et point de gare ,
　　Çates, y serô
Dez [2] fois pu gai qu'in paitigô [3].

JEANNOT.

Su lai plaice au prince as Aipôtres [4],

---

1 Allusion à la suspension d'armes qui fut signée le 24 août 1711 entre l'Angleterre et la France. Vers le même temps commencèrent à Utrecht les conférences qui amenèrent deux ans plus tard la pacification générale. — 2 Dix. — 3 Ou patigô , en français papegai (de l'espagnol papagayo) ; ce mot qui signifiait primitivement un perroquet, n'est plus aujourd'hui en usage que pour désigner un oiseau de carton ou de bois doré que l'on plante au bout d'une perche ou sur un poteau pour exercer à tirer de l'arc, de l'arbalète, de l'arquebuse, etc. — 4 La place Saint-Pierre à Besançon.

Das messieu en in rondelot
Paraissint pu gais que Picrot,
Un lisa au moitan das autres ;
    Coume das cofres,
    Tretous risint,
Poue s'en manquet qui ne dausint.

    Y marmoutint que l'Angletare
Et peu las Hollandois voulint
Planta quy pou in bé matin ,
Ceux-qui qu'entretenant lai gare ;
    Que l'ollint fare,
    Et pou jaima,
Ne boune et ne solide Pa.

         TONNOT.

    Se cequy airive, compare,
Te vé voë sans doute in bé juë,
L'y airet, au coin de chaique ruë
In feu de joye et das fanfares ;
    Las doues grousses ailles [1]
    De Charle-Quint
En chiclerant [2] de joye di vin.

    Aifin d'être bin aissurie
Das nouvelles que te me dit ,
Y veut pathi devant médi,
Pou lou demanda au Mésie,
    Qu'ot vé Mairie
    Dessu di foin,
Et rédut dans in grand besoin.

    Y sçai ce qu'y a ai lie dire,

---

1 Les deux aigles , ou plutôt l'aigle impériale à deux têtes
qui soutenait la statue de Charles-Quint placée sur la fon-
taine de l'Hôtel-de-ville , et détruite en 17923. — Lance-
ront, feront jaillir.

                  11

Y lie contera mas douleu,
Y m'aicouterct, y seu sieu,
L'airet pidie de mon matyre ;
    Son cœu soupire,
    Et ç'ol de voë
Que lai gare en met tant ai moë.

    Bouttant mas dou genouilles en tare,
Dans mas mains, mon chaipé tara [1] ;
Ah ! que de chouses y lie dira !
Qu'y lie vé raiconta d'aiffares !
    Coument lai gare
    Fa pu de maux
Que las loups maichans ainimaux.

JEANNOT.

    Ne faut-tu point de lantane
Pou trouva ce que te dirés?
Prend gadhe ai ce que te ferés,
Te pourouë fare braillie l'âne,
    Et lai caibane
    Raitentiret
Das ris que lou monde feret.

TONNOT.

    Ai grand Seigneu poue de pairoles ,
Laisse-me voë in poue songie ;
L'ait bin aicouta in Bargie
Que jaima n'ait soëthi d'aicole,
    Ne téte fole
    Fa quéque fojs
Rire, et dire *Fiat* au Roi.

Il commence.

Aimable Offant qu'entra su tare,

---

1 Je tiendrai.

Et qu'éte couchie su ce foin,
On diret que vous n'eussins point
Las moyens d'avoi das pathares;
    Las bins, las tares
    De tous las Rois
Vous aipathenant de plain droit.

    Y venet pou vous rendre houmaig
Et pou vous demanda lai Pa ,
Seigneu, ne me renviete pas,
Nous serans désorma bin saiges ;
    Tous las Velaiges
    M'ant daiputa
Pou veni cy vous en pria.

JEANNOT.

    Tétenon, te dis das marvoilles,
Te raisoune coume Caton,
Te pale meu que Ciceron;
T'é flouëta pu de douës bouteilles,
    Lou vin te baille
    Bin de l'esprit,
De t'entenre y seu tout surpris.

TONNOT.

    Y veux aitou dire ai sai Mére,
Que l'ot lai Reine de lai Pa,
Que le faise di moins in pa
Pou nous, et que pa sai priére
    Nouëte misére
    Prenne ne fin,
Gaige qu'y lie palet laitin.

  D'aiboë fesant lai reverence,
Y dira : *Ave Maria*,

Vous êtes *gratia plena ;*
Aicoudha-nous vouëte aissistance,
   Vouëte pussance
   Ait grand renom ,
Ça toujou *Dominus tecum.*
  Aipeu m'aidrossant ai son Pére,
Toujou chaipé bas, y dira :
O lou pu héuroux das Papa,
Epoux de lai pu digne Mére !
   Vouëte priére
   Ait di pouvoi,
Pala pou nous ai nouëte Roi.

JEANNOT.

  Vai, que le bon Duë le conduse,
Et veuille bin guida tas pas !
Raipouthe-nous ne boune Pa,
Et pas las chemins ne l'aimuse,
   Mai coënemuse
   Et mon hautbois
Sont tout prot quand cequy seret.

TRENTE-HUITIÈME NOEL [1].

Air : Que ce repas est magnifique, que ces mets sont
        délicieux , etc.

*Deux Bergers ayant aperçu une étoile extraordinaire ,
vont chercher un Solitaire qui se mêle d'Astrologie ,
pour lui demander ce qu'elle prédit.*

PIERROT.

Y ne peut mettre en mai çarvelle
Qu'y soit bin vra ce qu'on m'ait dit,

---

[1] Ce Noël se chante à la crèche, en grande partie.

Qu'in Roy Pussant soit né de ne pucelle,
Que l'hiabitant dans in pouöçe taudi.

GUILLOT.

Qu t'ait raiconta ças fanfares ?
On s'ot voulu mouqua de toï ;
Las Rois ant tous das palais et das tares,
Et ne lougeant dessou in ponëre toit.

PIERROT.

Y ne sçai, main lou cœü me ronge,
Y craiyet, et ne craiyet pas ;
On poure m'aivoi dit in mensonge,
Main ollans voë, on pà bin d'autres pas.

Regadhe st'étoile que cliare,
Sça-te ce qu'elle signifie ?
Das bés offans criint lai pa su tare,
Y las as vu, et ne l'a pas songie.

Y sont venus su das nuaiges,
Et y voulint coume lou vent ;
Lieu velemens étint blancs coume noige,
Et reluisint pa l'oë et pa l'argent.

L'ant fa ne si belle musique,
Que nous étins tous aibobis,
L'antounint tous, ce me semble, in cantique
Que coumence : *Gloria in excelsis.*

GUILLOT.

Quand te pale, te m'enfantoume,
Te me fa pidie de te voë ;
Raisoune au moins coume doit fare n'houme,
On dit de toi, t'é in drouële de coë.

PIERROT.

C'ot toi que n'é point de çarvelle,

Et défunte nouëte jument,
Qu'on aicourchet pou sai pé qu'éta belle,
Aiva bin pu que toi d'entendement.

Y vé trouva lou solitare,
Qu'on dit qu'entend l'aistroulougie ;
Y lie dira en dou mouts mon aiffare,
Et le varé se Pierot l'ait songie.

Il sonne à la porte du solitaire.

Drin drin drin, monsieu l'aistroulougue,
Ouvrite-nous pou in monment ;
Nous venans vous raiconta in proulougue :
Qu'ait faitiga tout nouëte entendement.

LE SOLITAIRE.

Qui vient dans cette solitude,
Pour y troubler un pénitent,
Qui jour et nuit s'appliquant à l'étude,
Dans sa cellule a l'esprit très content ?

PIERROT.

Ouvrite-m'in pouë vouëte pouëllie,
Y seu Pierot, m'entente-vous ?
Que fate-vous ? Y craiyet que vous doëte [1],
Pendant in tems que chaicun ot debout.

LE SOLITAIRE.

Que vous plait-il ? que faut-il faire ?
Minuit va frapper au moment :
Pourquoi troubler un pauvre solitaire,
Qui priait Dieu très attentivement ?

PIERROT.

On vous veut dire ne nouvelle,

---

1 Dormez.

Que vous n'éte pas entendu,
On voit au Cie enne si belle étoile ,
Qu'on dire qu'ai menneu lou soulet lut.

On voit plauta su das nuaiges
Das pete t'offans que chantant,
Y voultigeant pa-dessu nouës velaiges,
Pa lieu concert tout lou monde y charmant.

LE SOLITAIRE.

Laissez-moi dans ma solitude,
Et prenez soin de vos troupeaux ;
Pauvres ignorants, votre esprit est trop rud
Pour admirer du grand Dieu les flambeaux.

PIERROT.

Jarni, y cassera lai poëthe !
Ouvrite tout presentement ;
Se vous veni chüe nous queri l'aumóne,
Sans ran baillie nous vous en renvierans.

Il ouvre sa porte.

PIERROT.

Bon soi donc, bon soi, frére Biase,
Vous éte bin das maux d'ouvri :
Regadha voë, n'éte-vous pas bin ase ?
Voite-vous bin st'étoile que voiquy ?

LE SOLITAIRE.

Jésus, la charmante lumière !
Que je suis ravi de la voir ;
Ce n'est pas l'étoile matinière ;
Cet astre ici ne se peut concevoir.

PIERROT.

Bouta voë in pouë vouës brenicles,
Prante vouës sephéres et compas ;

Beuillie-voë [1] dans vouës livres aistroulougiques ,
Vouës almanachs ne lai marquan-tu pas ?

Pendant que l'astrologue regarde les Cieux, ils exami-
nent ses instruments.

GUILLOT.

Ai quoi sarvant tous ças aiffares ?
Frére Biase ot-tu menusie ?
L'y ait das compas, y voyet das aiquares [2] ;
Cequy sa-tu [3] dedans l'aistroulougie ?

PIERROT.

Pà, ne dit ran, y nous aicoute,
Regadhe-lou, qué minne y fa :
Entre sas dents tou bé seul y marmoute.
Y semble in singe sas brenicles au na.

St'instrument, ç'ot enne sephére,
Pou voë las mouvemens das Cies,
Lou toüot que fa dessu nouëte hemisphére
Lou bé soulet, lai lenne et sas quathies.

Regadhe bin ste boule ronde,
Qu'ot quy planta au bé moitan,
Ç'ot lai figure de lai tare et l'onde ,
Au toüot das qué vire lou fiermament.

Après avoir examiné les Cieux, il leur vient dire ce que
l'étoile signifie.

LE SOLITAIRE.

Heureux bergers, c'est là l'étoile

---

1 Regardez , examinez.— Le mot beûiller, (regarder
stupidement , fixément , obstinément) est un de ces termes
intraduisibles d'une manière exacte dans aucun idiôme
connu , mais singulièrement énergiques et significatifs qui
se trouvent en grand nombre dans le langage populaire de
notre pays. — 2 Equerres. — 3 Sert-il.

Qui doit conduire des Seigneurs,
Et qui sera la guide très fidèle
De ces trois Rois qui vont voir le Sauveur.

Suivez, suivez cette lumière,
Où elle se reposera,
Et finira cette nuit sa carrière,
Dans cet endroit votre Sauveur sera.

Adorez-le, c'est votre Maître,
Offrez-lui vos cœurs pour présents ;
Il vient pour vous, allez le reconnaître,
Vous le verrez dans un besoin pressant.

GUILLOT.

Dites-nous, monsieu l'aistroulougue,
Ploret-tu [1] bin l'anna que vint ?
Lai gare ç'ot enne maichante drogue ,
N'ye varet-on jaima ne bout ne fin ?

LE SOLITAIRE.

Implorez-le dans vos désastres,
Il tient les cœurs des Souverains,
Il régit tout et gouverne les astres,
Il est le Dieu et maître des humains.

PIERROT ET GUILLOT.

Duë vous le rende, frére Biase,
Et vous baille lou Pairaidi ;
Mon pouëre cœu ot tout raijoui d'ase ,
Nous l'ierans voë , bon soi, aiduë vous dit.

_____

1 Pleuvra-t-il.

TRENTE-NEUVIÈME NOEL.

Air : Quoi ! jusqu'à table , etc.

Jacquemard carillonne les Matines de la Messe de minuit.

Din, don, din, denne,
Ai lai Maudelenne ;
Digue don, din don, din, digue, digue, don,
Veni, chrétiens, entendre las maitenne,
Aicouta-vous mas joulis cairillons ;
Lai musique, chouse çataine,
Y seret aivouë las vioulons.

Veni, gens saiges,
Pou rendre houmaiges
Ai vouëte Duë, et l'aidoura ;
L'ot né pou vous retirie d'esclaivaige,
Dans las enfa Satan ot enchaina ;
Ce peu grinmau qu'ot dans lai caige,
Enraige aivouë in pie de na.

Ah ! coume y grille,
Ce pouëre drille,
Aivouë sas pete dialoutins !
Y craiya que nous tenant dans sai griffe,
Y nous feret reti coume boudins,
Main y s'ot trompa, ce gros pifre,
Pou nous sauva lou Seigneu vint.

Ai lai Grand'Messe,
Su, qu'on s'empresse,
Lou darie couë vint de souna;
Veni-zi tous, bannite lai tristesse,
Souveni-vous que vous étins damna ,

Main que lai divine saigesse
Of venue pou nous raicheta.

Bounes dévotes,
In poue bigotes,
Veni, vous seri bin reçues,
Ne fate pas, su-tout, tant las caigotes
Quand vous passa devant moi dans las ruës :
Que chaiquenne de vous s'aiprote
Pou veni recevoi son Duë.

Veni, coquettes,
Main en counettes,
Pou tous vouës péchés confessa,
Vous groussirie de JESU las conquêtes ;
Ai vouës fouëlies ne retouna jaima,
On aipointeret vouës requêtes,
St'anna vous seri mairia.

Cas grousses pousses,
Cas grousses bouses,
Ferant bin meu de se conchie,
Que de veni ci fare las dourmouses,
Et de ronfla au moitan di moulie [1] ;
Le dirant : las ruës sont bourbouses,
Y n'y faut pas mettre lou pied.

Vous, jüenes drouëles,
Et tétes fouëles,
N'y veni pas pou caiqueta,
Et pou conta toutes vouës fariboles,
Aipiloga chaicun, ou critiqua ;

---

[1] Au milieu de l'église. Moutier, vieux mot français, signifiant primitivement monastère et s'écrivant moustier (du latin monasterium) a servi depuis par extension à désigner une église paroissiale quelconque.

Priete Duë, laissic las bamboles,
Vous y veni pou daijüena.

Main vous, gens saiges,
Tous vouës houmaiges
Y seran çate bin reçus ;
Confessa-vous, priete Duë, bons couraiges ;
Lou peut grinmau de Satan ot glesu [1] ;
Pa las velles et las velaiges
On aidoure lou bon JESU.

Dessu mai cliouëche,
De mai maillouëche
Y a déjet fraipa onze fois;
Encoüot in couë, vous varri belle chouse,
Vous counaitri vouëte Duë, vouëte Roy,
Dedans vouëte Eglise y repouëse,
Ç'ot in grand article de foy.

Oui, lou même,
Chouse çataine,
Qu'ot né pou nous ai lai menneu,
Seret present dans nouëte Maudelenne ;
Vite, quitta vouës moësons, vouës feux,
Quand on revaret de maitenne,
Chaicun daijüeneret s'y veut.

---

1 Chassé, confondu.

TABLE.

FIN DE LA TABLE.

Besançon , Imprimerie de Bintot.

www.ingramcontent.com/pod-product-compliance
Lightning Source LLC
Chambersburg PA
CBHW071959090426
42740CB00011B/2011